Jak być kochanym

Janusz Głowacki

Jak być kochanym

Świat Książki

Projekt okładki
Andrzej Dudziński

Zdjęcie na pierwszej stronie okładki
Jan Hausbrand

Redaktor prowadzący
Ewa Niepokólczycka

Redakcja techniczna
Lidia Lamparska

Korekta
Elżbieta Jaroszuk

Świat Książki
Warszawa 2005

Bertelsmann Media Sp. z o.o.
ul. Rosoła 10
02-786 Warszawa

Skład i łamanie
Akces

Druk i oprawa
Zakłady Graficzne im. KEN S.A., Bydgoszcz

ISBN 83-7391-962-7
Nr 5233

Zamiast wstępu

W PRL-u, jako że sukcesy władz opierały się głównie na słowie, partia wszystko co napisano oraz wydrukowano, albo i nie, traktowała jako zagrożenie i ze śmiertelną powagą. Na kolejnych zjazdach Związku Literatów pojawiali się dygnitarze albo grożąc, albo odwołując się do wyższych uczuć. A na jednym z ostatnich kierownik Wydziału Kultury KC zwrócił się do pisarzy: „Wy robotnicy pióra..." Na co poderwał się miniaturowy Julian Stryjkowski i cienkim głosem wykrzyknął: „Ja protestuję, to jest degradacja. Ja byłem inżynierem dusz ludzkich!"

Odkąd zacząłem pisać, otaczali mnie ludzie życzliwi. Od razu po pierwszym wyjeździe na Zachód, a Szwecja to też był Zachód, zostałem wezwany do MSW. Oficer w randze majora zaproponował, żebym się z nim podzielił wrażeniami. Odpowiedziałem, że piszę o tym opowiadanie i tam wszystko będzie. Przyglądał mi się przez chwilę, pokręcił głową, zapalił papierosa i spytał:

— Niech mi pan powie, pan wygląda na inteligentnego człowieka, dlaczego pan pisze?

A kiedy się zastanawiałem, co by tu odpowiedzieć, dodał:

— Inteligentny człowiek nie pisze. Inteligentny człowiek nie zostawia za sobą żadnego śladu.

W książce Z głowy opisałem kilka ważnych dla mnie spotkań z Ryśkiem, który w latach sześćdziesiątych pracował w „Dzienniku Telewizyjnym", zajmował się wychwalaniem wszystkiego i bardzo go martwiło, że ja piszę złośliwe recenzje teatralne. Też kręcił głową i pytał:

— Na co ci to, Janek? No na co? Cui bono?

Następnie pouczał:

— Zapamiętaj to sobie dobrze. Mówię ci to po raz kolejny

i ostatni, każde, ale to każde stworzenie, nawet tak paskudne jak kot, też lubi, żeby je pogłaskać. A jak pogłaszczesz to połknie wszystko, ale to wszystko, co mu dasz albo powiesz.

W Nowym Jorku na początku lat dziewięćdziesiątych byłem mocno zaprzyjaźniony z polską brygadą z Greenpointu, zajmującą się remontami mieszkań. Wszystko szło dobrze, ale raz w barze u Wandeczki na dole Manhattanu, w czasie opijania jakiejś pracy, zacząłem coś zapisywać na serwetkach. A to od razu zgasiło uśmiechy bankietowiczom. Główny kontraktor próbował mnie usprawiedliwiać, że to niby jest mój zawód. Ale tynkarz Kijanka oświadczył, że też poznał kiedyś jednego pisarza, który robił notatki. I zaraz potem Kijanka został skazany na trzy lata więzienia. A na moje wyjaśnienia, że ja nie piszę dla UB tylko dla teatru, machnął ręką, że to na jedno wychodzi.

Wspominam o tym, żeby uświadomić młodszym czytelnikom, że zawód pisarza w socjalistycznej Polsce niekoniecznie budził wyłącznie uczucia wyższe. Dlatego w jednym z felietonów zamieszczonych w tym tomie wymyśliłem hasło „Donieś dzisiaj, co miałeś donieść jutro", łącząc je z innym: „Cały naród czeka na współczesną sagę".

W połowie lat sześćdziesiątych zacząłem pracować w warszawskiej „Kulturze". I tak jak paru innych dziennikarzy i pisarzy kombinowałem, czyby się nie dało jakoś sensownie wypowiedzieć na temat filmów, książek i w ogóle najrozmaitszych zjawisk społeczno-politycznych, które wywoływały entuzjazm i miłość wydziałów prasy i kultury Komitetu Centralnego i, co za tym idzie, był na nie zapis cenzury, czyli słowa krytycznego się o nich napisać nie dało. Też pisałem już o tym w autobiografii. No, że w pewnej chwili przypomniałem sobie radę Ryśka i pomyślałem, czyby się nie dało jego filozofii twórczo rozwinąć i do przodu popchnąć, czyli żeby rzeczy paskudne przechwalić do obłędu i tym sposobem ośmieszyć. Żeby tak tego spragnionego pieszczot kotka na śmierć zagłaskać.

Na próbę napisałem tekst *Erotyzm ciemny i jasny*, porównując całkiem poważnie paskudną i grafomańską powieść Stanisława Ryszarda Dobrowolskiego *Głupia sprawa* o wydarzeniach marcowych w 1968 roku z wydanym właśnie po raz pierwszy w Polsce arcydziełem Joyce'a *Ulisses*.

I się okazało, że Rysiek miał rację, cenzura to połknęła. Oczywiście takiego, powiedzmy, zjazdu partii to już się w żaden sposób nie dało zaczepić. Ale akurat zaraz po nim odbywał się w Warszawie wielki turniej fryzjerów państw obozu socjalistycznego. Więc pojechałem na Torwar i opisałem językiem, jakim propaganda komentowała tamto doniosłe wydarzenie. Zacząłem tak: „W dniach 29 i 30 sierpnia Warszawa stała się widownią imponującej demonstracji sił fryzjerskich naszego bloku" ... Patrz tekst *Ostrze na ostrze.*

Zanim powstały wydawnictwa niezależne, pełną swobodę wypowiedzi mieli w kraju tylko artyści zamieszczający swoje utwory na ścianach publicznych toalet. Zwłaszcza toalety dworcowe były od góry do dołu pokryte nadwiślańskimi graffiti. No bo po prostu, człowiek przymknięty w kabinie na haczyk miał tę chwilę wolnego czasu, czuł się bezpiecznie, uruchamiał wyobraźnię i mógł na dodatek tanio, bo przy pomocy ołówka kopiowego albo długopisu dać wyraz najrozmaitszym frustracjom albo tęsknotom. A także w sposób mniej lub bardziej ambitny podjąć polemikę z propagandą oficjalną, co to była wszędzie.

Bo nawet na dworcu Warszawa Wschodnia zachrypnięty głos informował przez megafon: „Uwaga, uwaga pociąg pospieszny z Wrocławia wjedzie na tor pierwszy przy peronie drugim. Uwaga, imperialistom anglo-amerykańskim na ich knowania odpowiadamy – Nie! Powtarzam...".

Nie jestem pewien, czy te felietony to właściwie są felietony, czy nie wiadomo co. Tak czy inaczej, stopniowo wypracowałem w nich postać narratora. Cokolwiek ograniczonego umysłowo, ale pełnego żarliwości i całkowitego oddania idei socjalizmu. W tych tekstach przeprowadzałem badania nad PRL-owską nowomową. A później to sobie wykorzystywałem w opowiadaniach, powieściach albo scenariuszach. Jedne miały wpływ na drugie i odwrotnie. Na przykład utwór *Niewierny Tomasz* ma podtytuł *wg docenta Dłubniaka z Instytutu Marksizmu i Leninizmu*. A docent Dłubniak z kolei jest jednym z bohaterów mojego opowiadania *My sweet Raskolnikow*. Z tym felietonem, a zwłaszcza podtytułem, trochę przesadziłem. Rzecz była o tym, jak wydarzenia ewangeliczne komentuje członek KC, który swoje wahania, z kim by się zabrać do góry, żeby nie polecieć do dołu, przekłada na wątpliwości trapiące niewiernego Tomasza.

Tu cenzura się kapnęła, zdenerwowała i tekst zdjęła nieodwołalnie. Lepiej mi poszło z postępową interpretacją paru arcydzieł, *Pieśni o Rolandzie* na przykład, postaci historycznych Attyli, cesarza Czenga, Tyberiusza i paru innych. W to już docenta nie pakowałem i się udało. W ogóle szło nieźle. Pisałem na przykład tekst pt. *Pochwała Poręby*, zachwycając się kolejnym socrealistycznym kiczem reżysera należącego do ultranarodowej grupy „Grunwald". Jego zakłamany od góry do dołu film się nazywał *Prawdzie w oczy*. Bohdan Poręba nienawidził wszystkiego, co nie nasze, wszechpolskie, tylko europejskie, czyli wrogie. Więc ja, komplementując go gorąco, martwiłem się jednak, że no, niestety, ale Poręba snobuje się na Europę, robi filmy pod festiwal w Cannes i jest pod wpływem Antonioniego.

Trochę później reżyser Jerzy Passendorfer, sekretarz organizacji partyjnej Stowarzyszenia Filmowców Polskich, reżyser między innymi *Barw walki*, według książki Mieczysława Moczara, napisał w tygodniku „Ekran": „Ostatnio pojawiły się głosy, że przekaz filmowy stał się dziedziną mającą realizować cel sztuki przede wszystkim. Jest to jeden z najbardziej szkodliwych poglądów, któremu muszą się przeciwstawić zdecydowanie twórcy i marksistowska krytyka".

Wtedy pochwaliłem Passendorfera za odwagę, z jaką żegna się z ideałami młodości. Kiedy to sztuka była mu chlebem powszednim i wyrzeka się kręcenia wysmakowanych formalnie arcydzieł, takich jak *Janosik*, czy *Zabijcie czarną owcę*.

Williama Szekspira atakowałem za czarnowidztwo, pesymizm i niedostrzeganie osiągnięć, czyli za to wszystko, za co władza atakowała w Polsce pisarzy.

A kiedy Edward Gierek zapowiedział konsultacyjne spotkania ze społeczeństwem, żeby przypadkiem więzi nie utracić, napisałem *Abiit non obiit*, czyli historię ostatniego króla Pergamonu, który, ponieważ bardzo liczył się z własnym zdaniem, zanim zapisał w testamencie państwo Rzymowi, chętnie spotykał się sam ze sobą i udzielał sam sobie szerokich konsultacji. A jak się zapędził w pytaniach za daleko, to po prostu nie odpowiadał.

Cenzura była tymi tekstami cokolwiek skołowana, ale część

czytelników też. Więc dostawałem listy, że owszem *Głupia sprawa*, świetna, ale *Ulisses* jednak chyba lepszy. A kiedy napisałem, że Kmicica w *Potopie* nie powinien grać Olbrychski tylko Kapitan Kloss, dostałem ponad sto listów z wyrazami solidarności. Patrz felietony *Od przodu* i *Od tyłu*.

Na pomoc cenzorom wezwano specjalistów. Postępowi docenci z Katedry Filologii Polskiej Uniwersytetu Warszawskiego rozpoczęli na ulicy Mysiej, gdzie mieścił się cenzury urząd główny, cykl wykładów na temat: „Aluzja prosta i złożona w dziele literackim". Czytelnikom, niestety, nikt z pomocą nie przyszedł.

Jeżeli chodzi o aluzję prostą, to w scenie balu w filmie *Rejs* okazał się nią fakt, że jeden z balowiczów wkłada maskę świni. Bo jak oświadczył cenzor, „wszyscy świetnie wiedzą, kogo panowie mieli na myśli". Za aluzję złożoną cenzorzy uznali wypowiadaną przez Himilsbacha w filmie Kondratiuka *Wniebowzięci* opinię: „Piękna jest nasza ziemia z lotu ptaka". Bo mogłoby to oznaczać, że nie z lotu ptaka nasza ziemia już piękna nie jest. W filmie *Trzeba zabić tę miłość*, do którego napisałem scenariusz, cenzura oczywiście wycięła z procesji Bożego Ciała kardynała Stefana Wyszyńskiego. Ale też zakwestionowała na oko słuszne zdanie: „Wiele się u nas buduje, kawał rzetelnej roboty żeśmy odwalili". Stało się ono przedmiotem długich analiz i ekspertyz. W wyniku których, ponieważ całego zdania z powodów montażowych wyciąć się nie dawało, na jego drugą część polecono nałożyć klakson samochodu.

Na jednym z sopockich festiwali niemiecki wykonawca przygotował i chciał wykonać w tak zwanym dniu polskim piosenkę *Powrócisz tu, gdzie nadwiślański brzeg*. Po konsultacjach uznano to za aluzję i Niemca pogoniono. A znowuż w 1968 roku, akurat w momencie, kiedy wojska państw Układu Warszawskiego wkroczyły do Czechosłowacji, rosyjski piosenkarz szykował się do wykonania piosenki *Dziś bomby lecą na mój dom*. Po konsultacjach zmieniono tytuł na *Pieśń o Wietnamie*.

No i tak to ogólnie wyglądało: strasznie, śmiesznie i boleśnie. Czasem wyrzucano w całości, czasem przycinano albo kazano zmieniać miejsce akcji i epokę. Stąd w pewnej mierze brał się budzący podziw Europy formalnym wyrafinowaniem metaforyczny i paraboliczny charakter literatury w PRL.

Przyznaję, że wspomniane już napisy i rysunki w toaletach w przeważającej mierze były poświęcone przechwałkom, rozczarowaniom bądź skargom związanym z rozmiarami albo funkcjonowaniem narządów płciowych. Ale nie brakowało też pełnych goryczy lamentów obywatelskich. Takich jak:

Sraj, Polaku, sraj,
bo to jest Twój kraj.
Jeszcze tyle ci zostało,
że się wysrać możesz śmiało,
sraj, Polaku, sraj.

W zakłamanej rzeczywistości zdarzały się też apele wzywające do poszanowania pewnych trwałych wartości:

Sram na Stalina trumnę,
na Bieruta czoło dumne,
na wszystkich komunistów na świecie,
tylko nie na Ciebie, desko, w klozecie.

Podobno romanse w XIX-wiecznej Rosji powstawały spontanicznie. Ktoś pisał na przykład: „Nie odjeżdżaj ukochany", a już w kilka dni później w karczmach śpiewano: „On odjechał i jest wszystkiemu winien".

W toalecie na dworcu w Koluszkach, gdzie się często przesiadałem, jadąc z Łodzi do Warszawy i z powrotem, pod poematem o poszanowaniu deski ktoś dopisał:

Zapomniałeś skurwysynie
o Marszałku Konstantynie

Chodziło oczywiście o polsko-rosyjskiego marszałka Konstantego Rokossowskiego.

Co pewien czas siły bezpieczeństwa w ramach represji zamykały szalet. Wtedy na peronie w Koluszkach, gdzie przesiadałem się, jadąc z Łodzi do Warszawy i z powrotem, pojawiała się pamiętna tabliczka: „Pisuar nieczynny. Z moczą prosimy kierować pasażerów za budkę dyżurnego ruchu".

Ja wiem, to wygląda podejrzanie, że aż tyle piszę o publicznych toaletach, ale chcę oddać sprawiedliwość miejscom, które pełniły istotną rolę w życiu społecznym i politycznym, a i towarzyskim. Ale o tym przy innej okazji.

To nie przypadek, że w filmie *Rejs* posiedzenie komisji śledczej, która doprowadziła do usunięcia inżyniera Mamonia z Rady Rejsu, rozpoczęło się od tego, że ktoś napisał na ścianie w toalecie: „Głupi kaowiec". Poeta Missisipi to zauważył i zaraportował kaowcowi Tymowi, wprawdzie nie było pewności, czy autorem napisu jest akurat inżynier Mamoń, ale kaowiec właśnie na niego miał oko. Tak więc zaproponował na posiedzeniu komisji, żeby najpierw „sformułować zarzuty, a potem je sobie dopasować do osoby, która by nam odpowiadała". I Mamonia wyrzucono.

Ciekawe, że nie tylko w krajach o ustroju totalitarnym, ale i w demokracjach atmosfera toalet skłaniała do refleksji. W 1975 roku, kiedy byłem po raz pierwszy na stypendium Departamentu Stanu w Ameryce, pojechałem do Berkeley, sławnego Uniwersytetu, na którym wykładał Czesław Miłosz. Czekając na wielkiego poetę, zajrzałem do uniwersyteckiej toalety i ze wzruszeniem stanąłem przed zapisanymi od góry do dołu ścianami. Były to na ogół obce mi refleksje ogólne, takie jak: „Jeżeli martwi cię przeludnienie, zacznij od siebie", czy: „Poszukuje się Jezusa, nagroda 30 dolarów", zapisywane często w formie polemicznych dialogów. Typu sławnego już „Bóg umarł – Nietsche" i pod nim „Nietsche umarł – Bóg". Popatrzyłem, zrobiło mi się smutno i napisałem „Kocham Heńka", a kiedy po spotkaniu z przyszłym noblistą zajrzałem raz jeszcze do toalety, zobaczyłem, że ktoś po polsku dopisał: „A ja go chromolę". I ucieszyłem się, że mam w Ameryce pierwszego czytelnika.

W PRL-u czytanie tygodników zaczynało się prawie zawsze od ostatniej strony, czyli felietonów. I często się na tym kończyło. Felietonistom było wolno więcej. Ja często na ostatniej stronie wyśmiewałem to, czego domagał się redaktor naczelny warszawskiej „Kultury" Janusz Wilhelmi na pierwszej. I jego ta gra dość długo bawiła. Ogólnie znienawidzony i absolutnie cyniczny, Wilhelmi miał swoje fantazje. Wspominałem

11

w swojej autobiografii, że kiedy cenzura zdjęła mój tekst pt. *Obrona Poloniusza*, ironiczną pochwałę wysługującego się zbrodniczemu władcy urzędnika, Wilhelmi zadzwonił do wydziału kultury KC i powiedział: „Słuchajcie, ten Poloniusz to mam być ja. Puśćcie to. Pozwólcie mi walczyć z Głowackim przy pomocy pióra, a nie pałki. Inaczej przyznacie mu rację". Oczywiście nie dla wszystkich był taki liberalny. A do mnie też się w końcu zniechęcił.

Felietony w tamtych czasach stały na wysokim poziomie. W „Tygodniku Powszechnym" pisali je Słonimski i Kisiel, w „Literaturze" Andrzejewski, a przed nim Dygat. W „Polityce" Urban, Passent i Radgowski. A w „Kulturze" Hamilton, czyli Jan Zbigniew Słojewski, i KTT, czyli Krzysztof Teodor Toeplitz. Ja te swoje pisywałem mocno nieregularnie, głównie w latach 1968–1980, czyli ponad trzydzieści lat temu, kiedy się dopiero uczyłem pisać. Do tego tomu wybrałem kilkadziesiąt, które coś może mówią o tamtych czasach, ludziach i dziełach sztuki. A i mogą się czasem nawet z nową rzeczywistością kojarzyć.

Felietony w tej książce nie są ułożone w kolejności chronologicznej. Wymieszałem je, bo tak mi się wydawało ciekawiej. Są wśród nich teksty drukowane w kraju i trochę napisanych po wyjeździe, zamieszczonych głównie w „New York Timesie", i w „Rzeczpospolitej".

Cały cykl rzymski budził gwałtowne emocje cenzury. *Tragedię Krassusa* napisałem tuż przed emigracją i stanem wojennym, czyli jest to utwór cokolwiek proroczy. W „Kulturze" warszawskiej się go już w żaden sposób wydrukować nie udało. Więc już po 13 grudnia wziął go Jerzy Giedroyć.

Po przyjeździe do Stanów chciałem *Krassusa* wsadzić do „New York Timesa". I to była pierwsza lekcja Ameryki, bo nikt w redakcji nic z tych aluzji nie zrozumiał.

Ale teraz cofnijmy się w czasie, jak mawiają członkowie sejmowych komisji śledczych, nazywanych żartobliwie wysokimi komisjami...

Nowy Jork, styczeń 2005

Attyla, czyli śmierć liberała

Attyla, zwany przez najbliższych Biczem Bożym, często ze szczytu koczowiska patrzył na zachód i ogarniały go sprzeczne uczucia. I podobało mu się, i nie podobało. Podobały mu się krajobraz, klimat, prosta ludność, nie podobało się wszystko poza tym. W tej sytuacji wódz Hunów szukać począł optymalnego rozwiązania. Szukał, wędrując od rzeki Rha do rzeki Ren, i jeszcze dalej. Czasy były niespokojne. Attyla wędrował więc z gronem towarzyszących mu Hunów. Grono składało się z całego narodu.

Wędrując, prowadził polemikę z rozwiązaniami estetycznymi upadającego Rzymu.

Szczególny nacisk kładł na malarstwo, rzeźbę i architekturę.

Jak wszyscy ludzie wyprzedzający swój czas, nie spodziewał się, zresztą słusznie, aby argumenty jego przyjmowano bez dyskusji. Na takich sporach upłynęła mu większa część życia.

Attyla na tle swojej epoki wyróżniał się korzystnie stałością poglądów i niezłomną wiarą w jedyną słuszność tego, co myślał i czego nie myślał. Zapisał się on w pamięci Rzymian jako zdecydowany przeciwnik pornografii, bezpłodnego sadyzmu i powykręcanych członków. Szczególnie drażniły go mozaiki, od których, jak często mawiał, migało mu przed oczami. Ulubionym powiedzeniem wodza Hunów było porzekadło: „Cui bono?", co w przekładzie polskim tłumaczy się: „Po co?".

Wychowany wśród stepów miłośnik zwierząt, obejrzał kiedyś Attyla rzeźbę pewnego Greka, przedstawiającego końską agonię na włóczni. Okrucieństwo artysty wywarło na nim tak silne wrażenie i wzbudziło tyle wątpliwości, że osobiście udał się na spotkanie z autorem, a następnie dyskutował z nim przez dwanaście godzin z rzędu, stawiając go w sytuacji nieszczęśliwego czworonoga. Attyla chciał, aby sztuka dokładnie odtwarzała życie, tyle że niezupełnie. Był przeciwnikiem malowania Huna ponurego, słusznie wychodząc z założenia, że humor koczownika jest najważniejszy. Za krzywe nogi i zgarbione plecy na fresku karał i artystę, i modela. Artystę za niską świadomość, a modela za zdradę. Był również przeciwnikiem płaskiego naturalizmu. W konsekwencji „doprowadził do tego, że cała konnica Hunów, jeśli nie w życiu, to w sztuce, miała proste nogi. Artyści obowiązkowo uczestniczyli w egzekucjach, zresztą w rozmaitym charakterze, aby dobrze zapamiętali, od czego ich powinno odrzucać. Prawdę mówiąc, nie było ich wielu. Znacznie wyżej ceniony był heroizm w walce.

Wybitny poeta rzymski opisał to wszystko w chwili, gdy znalazł się nieoczekiwanie wśród Hunów. Niestety, utwór ten jest niezbyt czytelny, ponieważ Rzymianin wykonywał go po ciemku i ze względu na brak oczu, którymi się już dosyć napatrzył, nie zawsze trafiał w pergamin. Tym niemniej intencje jego nie powinny i nie mogą budzić wątpliwości.

Attyla był wielkim humanistą. Humanizm swój najpełniej realizował w szyku bitewnym. Najważniejszym elementem szyku był dla wodza Hunów człowiek. Zresztą przed każdą bitwą miał on zwyczaj przemawiać do koczowników, przywołując piękne postacie dawnych bohaterów narodowych, przypominając w skrócie najwspanialsze karty historii i rysując perspektywę pomyślnej przyszłości. Zwykle już po pięciu minutach całą konnicę ogarniał szał. Wtedy Hunnila, doradca wodza Hunów, z pochodzenia Chińczyk, machał ręką do przodu, co było tradycyjnym zaszyfrowanym sygnałem do natarcia.

Attyla ciekawie rozwiązał sprawę wierzeń. Wierzyło się mianowicie Attyli. Podobnie szkolony był też młody Hun. Już w piątym roku życia musiał znać prawidłową wymowę imienia wodza, a także musiał umieć skandować je w biegu. W tym kierunku harmonijnie rozwijana była jego osobowość do końca życia.

Pornografii Attyla nie lubił wprost wyjątkowo. Przeszkadzała mu skupić się na konkretyzacji celów. Wódz wyznaczył specjalnie przeszkoloną brygadę do zamalowywania względnie odłupywania wszystkiego, co obce i stare. Niestety, na tym poprzestał. I tu tkwiło źródło jego słabości. Zatrzymał się w połowie drogi. Zamalowywał jedynie i odłupywał, zamiast wyrwać chwast z korzeniami. Attyla jak nie wyrwał, to miał tego świadomość. Była to świadomość tragiczna.

Stąd szczególnie dramatycznym przesłaniem są ostatnie słowa Attyli. Na łożu śmierci wódz Hunów, zwracając się do najbardziej oddanych towarzyszy walki, a z takich przecież składała się brygada kasacyjna, powiedział: „Chłopaki, pokażcie tym pedałom", i ręką wskazał na południowy zachód, gdzie ciągle jeszcze wyuzdaniem, pornografią i okrucieństwem pluł w twarz prostemu Hunowi chory Rzym. Słuchał tego młody Got, wuj Odoakra. Przekazał on swojemu siostrzeńcowi w skrócie treść nauk Attyli. Ziarno nie zamarło.

Ostrze na ostrze

W dniach 29 i 30 sierpnia Warszawa stała się widownią imponującej demonstracji sił fryzjerskich naszego bloku. W niedzielę o 9 rano fryzjerstwo socjalistyczne dziewięciu państw przemaszerowało ze sztandarami w inauguracyjnej defiladzie przez świątecznie przystrojoną halę-taflę Torwaru. Była to najlepsza odpowiedź tym wszystkim siłom, które chciałyby widzieć nasze fryzjerstwo osłabione kłótniami, konfliktami, separatystycznymi tendencjami. Po przemówieniu zastępcy przewodniczącego Komitetu Drobnej Wytwórczości IX Konkurs Fryzjerski Państw Socjalistycznych o „Puchar Przyjaźni" — Warszawa 1971, zorganizowany przez „Polfryz", stał się faktem.

Przybyli do Warszawy z daleka: z mazowieckich równin, bułgarskich plaż, węgierskich puszt i winnic, rosyjskiej tajgi, z Pragi, Bukaresztu, Berlina, Belgradu, przywożąc to, co mają w swym dorobku najciekawszego.

Pierwszą konkurencją konkursu była fryzura wieczorowa (wieczornaja priczoska). Potem strzyżenie i uczesanie młodzieżowe (męskie), fryzura artystyczna (damska), strzyżenie i uczesanie nowoczesne — puszyste (męskie), fryzura dzienna (damska), przegląd strzyżenia od uczesania klasycznego (męskiego), makijaże dzienne, wieczorowe, fantazyjne, pokaz fryzur historycznych i stylowych. Można więc chyba mówić o realnej konfrontacji sił, przeglądzie osiągnięć i sportowej rywalizacji w atmosferze zrozumienia i szczerości — protezy włosowe są dopuszczalne, ale tylko w postaci wpinki nieprzekraczającej 20 procent ogólnego uwłosienia głowy modeli.

Konkurs poprzedziła konferencja prasowa. Żyjemy w świecie niepięknym, trudnym, skłóconym. Podział fryzjerstwa światowego na dwa przeciwne sobie bloki jest wynikiem ogólnego układu sił na świecie. Pamiętając o tym, przedstawiciele „Polfryzu" odpowiadali rzeczowo na pełne rzetelnej troski pytania dziennikarzy. Pytano o przeciwstawne tendencje fryzjerstwa zachodniego i naszego, czy potrafimy oprzeć się tendencjom płynącym do nas z Zachodu, czy w bieżącej sytuacji istnieje szansa na nawiązanie kontaktu z postępowym nurtem fryzjerstwa NRF. Otrzymane informacje napełniły zebranych dziennikarzy ostrożnym optymizmem. Wynikało z nich, że na fryzjerstwo kapitalistyczne należy patrzeć, zgodnie z marksistowską dialektyką, jako na zjawisko niejednorodne. Czasy, kiedy fryzjerstwo kapitalistyczne było monolitem, należą do przeszłości, ostatnio zaś rozpadło się ono na dwa kierunki: ortodoksyjny, wrogi nam, oraz lewicujący, z którym nawiązaliśmy kontakt, przystępując do światowej federacji. Ktoś wyraził obawę, czy w tej sytuacji na skutek wzmożonej infiltracji osiągnięć zachodnich nie zaguби się narodowego charakteru naszych fryzur. Przedstawiciele „Polfryzu" rozwiali te obawy — Zjednoczenie „Polfryz" lansuje głowę pełniejszą i włosy krótkie. Na ostro sformułowane zarzuty, iż nie uwzględnia się naszej specyfiki, zbyt skąpo premiując uczesania użytkowe, dogodne przy pracy w trudnych niekiedy warunkach, „Polfryz" wyjaśnił, że jurorzy biorą to pod uwagę, jakkolwiek konkurs państw socjalistycznych jest też próbą pokazania, co w ogóle można zrobić z włosami. Ten artystowski kierunek stał się powodem licznych ataków przedstawicieli prasy.

Już po raz dziewiąty pogłębia się w dziedzinie fryzjerstwa przyjaźń i współpraca między naszymi krajami. Rejestrują to wszystko fotoreporterzy, kamery „Dziennika Telewizyjnego" i reżyser Marek Piwowski ze swoją ekipą z TV. Z wybiegu obserwują ich „Milicjantka" i „Boska Idylla", „Sędzia" i „Czar Lotosu", przedstawiciele różnych zawodów i warszawska Syrena. Defiladę makijaży fantazyjnych zamyka owacyjnie witany „Rodan — ptak śmierci", wykonany przez Spółdzielnię Pracy w Koszalinie.

Nie podaję wyników konkursu. Zresztą nie one są najważniejsze. W IX Konkursie Fryzjerskim Państw Socjalistycznych o „Puchar Przyjaźni", puchar zgodnie z regulaminem otrzymują organizatorzy. Ponieważ — jak wyjaśnili nam przedstawiciele „Polfryzu" — puchar nie jest symbolem zwycięstwa, lecz symbolem przyjaźni.

To mieszadło właśnie

Z mroków dzieciństwa wyłania się czasem postać mego dziada, pracownika naukowego. Ulubionym miejscem moich zabaw było jego laboratorium, umieszczone w piwnicy. Tam wśród dziwnego, upajającego zapachu i spiętrzonych wysoko bulgocących słojów spytałem go po raz pierwszy o dziwny przyrząd, którego nie wypuszczał z ręki. „To mieszadło, wnuku" — odpowiedział z godnością.

Dziadek był zwolennikiem szkoły szkockiej: scukrzał zaciery podgrzane, bezzwłocznie chłodził je do temperatury nastawu, potem następował czas trzy lub czterodniowej fermentacji, wreszcie odpędu przy pomocy tak zwanych bań, umożliwiających spływanie zawiesiny na niżej położone boki nieogrzewane. „Patrz uważnie, wnuku — mawiał. — Postępując w ten sposób, unikniesz przypalenia zacieru".

Myślałem o dziadku, słuchając radosnego, dumnego szmeru widzów, kiedy w filmie *Miłość po południu* reżyser amerykański Billy Wilder polecił Gary Cooperowi, grającemu milionera, aby spośród wspaniałej baterii wódek wyciągnął butelkę Polish Vodka Wyborowa, a Audrey Hepburn uśmiechnęła się z wdzięcznością. (Byłem wtedy debiutantem, moja chłonność nie przekraczała 0,25 litra dziennie). Potem przyszły dalsze sukcesy: Ljubljana, Bruksela, Paryż, Lipsk, Luksemburg, międzynarodowe targi i wystawy, żubrówka, starka, jarzębiak i soplica — zdobywają 34 złote i srebrne medale. I — oczywiście — wódka wyborowa. Jej etykieta, na której anonimowy artysta umieścił ostatnio trójkę sympatycznych Łowiczan, galopujących za pomocą stylowej polskiej fury gdzieś w stronę bankietu, stała się na całej kuli ziemskiej gwarantem udanej zabawy, podobnie jak rozbawione misie, które wywróciły się pod drzewem, ale ściskanymi w łapkach literkami z Polish Honey Liqueur KRUPNIK wznoszą jeszcze toast za Państwowy Monopol Spirytusowy. Nie jest rewelacją, że w dziedzinie produkcji i konsumpcji napojów spirytusowych mamy poważne osiągnięcia. Myślę czasem ze wzruszeniem, czy u podstaw zawrotnej kariery choćby Lubuskiej Wytwórni Wódek Gatunkowych w Zielonej Górze, produkującej około 15 milionów litrów rocznie, zaliczanej do największych tego typu w Europie, nie leży ofiarna praca milionów indywidualnych samouków, którzy swymi eksperymentami wytyczali nowe kierunki rozwoju nauki.

Jakość naszych wódek sprawiła, iż mimo wysokich ceł, którymi wroga konkurencja usiłuje sparaliżować nasz eksport, wzrósł on w stosunku do okresu międzywojennego ponadstokrotnie. I dziś w sześćdziesięciu krajach świata Polmos pozwala ludziom zapominać o absurdalnej skończoności naszego życia. Oczywiście nie brak nigdy zgorzknialców, którzy teoriami o rzekomej szkodliwości alkoholu usiłują zwalać kłody pod nogi. I to właśnie dziś, kiedy stoimy wobec możliwości ekspansji przekraczającej najśmielsze plany mocarstwowe. Odpowiedź jest prosta: trzeba po prostu umieć pić, nie mieszać, nie bełtać, nie zakąszać trawą, po każdym litrze robić 15 minut przerwy, pamiętając, że mamy tylko jeden organizm.

Ileż litrów wódki dzieli nas od chmurnego popołudnia w 1944 roku, kiedy front usytuował się na linii Wisły, a w Warszawskich Zakładach Spirytusowych zebrała się ofiarna grupa byłych pracowników, uruchamiając pierwszy stół rozlewniczy i uzyskując pierwszą dzienną produkcję wódki około 50 sztuk skrzyń. Druga wojna światowa była dla naszego gorzelnictwa ciężkim ciosem. Ale w 1944 roku powstaje w Lublinie Państwowy Monopol Spirytusowy — jego zadaniem było zorganizowanie rozlewu wódek na terenie całego kraju. Mimo nawiązania do przedwojennej organizacji — jego cel i zadania zostały dostosowane do nowych warunków.

W latach kładzenia podwalin piliśmy głównie likiery i „kremy", po 1956 roku pojawia się jarzębiak. Lata sześćdziesiąte to eksplozja winiaku i wódek żytnich. W 1962 roku przestarzałe zamknięcia korkowo-lakowe zostają wyparte przez kapsle aluminiowe typu Alka, które z kolei w grubościennych flaszkach eksportowych ustępują miejsca luksusowym kapslom metalowym, dwustronnie cynowanym, typu Pilferproof. Poza wyrobami butelkowanymi eksportujemy również spirytus luzem w cysternach i beczkach. Nie wolno nam ukrywać faktu, że ogromny wzrost jakości produkcji ominął jedynie bardzo poszukiwany na rynku krajowym denaturat, którego moc pozostała, niestety, bez zmian — zaledwie 92 procent.

Przemysł spirytusowy ufnie patrzy w przyszłość. W roku 1975 wódki gatunkowe będą stanowiły 30 procent produkcji wyrobów alkoholowych, co wymaga pogłębienia specjalizacji i znacznego powiększenia produkcji wódek typu whisky i koniaków. Współczesne linie rozlewnicze sześciu rodzajów naszych wódek gatunkowych o wydajności od 3 do 6 tysięcy butelek na godzinę ustąpią wkrótce miejsca liniom rozlewniczym o wydajności 12 tysięcy i więcej butelek na godzinę. W ciągu kilku lat skrzynki drewniane, zajmujące obecnie tyle miejsca w naszych mieszkaniach, staną się anachronizmem, rarytasem zbieraczy, wyparte przez opakowania zbiorcze z kartonu. Wzrośnie zaplecze naukowo-badawcze i liczba wysoko wykwalifikowanych pracowników.

Mamy prawo wierzyć, że stopień rozbawienia naszego społeczeństwa będzie nadążał za produkcją, że świst kapsli typu Pilferproof stanie się znaczącym odgłosem naszego życia towarzyskiego, że jako konsumenci zdamy trudny egzamin, stając się przedmiotem zazdrości wszystkich narodów, które nie zapewnią sobie w porę importu Bison Brand Vodka. Puszczańskie zaś niedźwiadki wywoływać będą wzruszenia dorosłych i dzieci na całym świecie.

Oczywiście żyjemy w świecie skłóconym, podzielonym na obozy, musimy liczyć się z próbą wydarcia nam tajemnicy naszych receptur przez wścibskie gardła wrogiej konkurencji. Sytuacja ta stwarza wyjątkową szansę naszej sztuce. Wierzę, że niedługo ujrzymy serial telewizyjny o próbach wykradzenia kadzi z denaturatem, w której eksperymentuje utalentowany docent.

Od tyłu

Mnożą się ostatnio w naszym kraju akty heroizmu. Niedawno eseiści filmowi: Janusz Czapliński i Stanisław Grzelecki, dali odpór w imieniu swoim i nas wszystkich niesłusznej decyzji, którą odgórnie usiłował nam narzucić reżyser Jerzy Hoffman. Chodzi oczywiście o powierzenie roli Kmicica Danielowi Olbrychskiemu. Nie będę wdawał się w meritum sprawy — powinien grać czy nie powinien — chociaż nie mogę powstrzymać się od stwierdzenia, że nie powinien, bo grał Azję i wszyscy pamiętamy, że jest mały, czarny, ma brodę i się garbi, nawet na palcach jest niższy od małego rycerza i nie ma wyższych studiów artystycznych. Niech sobie nieuk gra duńskiego Hamleta, ale nie naszego Jędrka Kmicica.

Ale powiadam, że nie o to mi idzie, lecz o radosne przywitanie nowej liberalnej tendencji, która zrywa wreszcie z kapitalistycznym nawykiem z czasów, kiedy to obsadzanie aktorów było przywilejem dostępnym jedynie nielicznej grupie najlepiej sytuowanych reżyserów. Reżyserów nieobiektywnych, bo ograniczonych w dodatku swoimi wąsko pojętymi interesami i koncepcjami. Iluż fałszywych, nieudanych, szkodliwych dzieł udałoby się uniknąć, i to nie tylko w dziedzinie filmu, gdyby o zamyśle ich realizacji mogła wypowiedzieć się uprzednio opinia publiczna. Wprawdzie żyjemy w czasach niejednoznacznych, opinie bywają podzielone, nie zawsze szczere, niekiedy sterowane, ale tym większej trzeba czujności, koncentracji intelektualnej, moralnej i politycznej, aby odróżnić głosy prawdziwe od fałszywych. Jednak można to zrobić i, co więcej, trzeba.

Redaktor Czapliński, którego gwiazda publicystyczna wzeszła z okazji „sprawy Olbrychskiego", nie dał się zwieść faktem, że Olbrychski zwyciężył w plebiscytach dwóch tygodników — „Ekranu" i „Magazynu Filmowego" — których czytelnicy pragnęli widzieć go w roli Kmicica. Pisze on w „Expressie Wieczornym": „iż zaszła może jakaś pomyłka w obliczaniu głosów, bądź ich (wymienionych pism — przyp. J.G.) czytelnicy są jakąś specjalną frakcją społeczną". I kto wie, czy gdyby nie dociekliwość Czaplińskiego, płynąca ze szczerej żarliwości, kraj nasz nie padłby ofiarą zmowy będącej wynikiem jakichś mrocznych porachunków.

Wyniki plebiscytu można zafałszować i pan Czapliński na pewno wie, że tak było, boby nam nie pisał. W końcu nie robi tego dla siebie, ale dla nas. Skoro i on, i Grzelecki (w „Życiu Warszawy") wiedzą na pewno jeszcze przed rozpoczęciem realizacji, że film z Olbrychskim się nie uda, to mieli obywatelski obowiązek podzielić się tym z nami. Pana Czaplińskiego Olbrychski nie pociąga fizycznie, i bardzo dobrze, że napisał to bez osłonek. Mogło to być gorzkie dla Olbrychskiego, ale lepiej, że się dowie, jaką ma urodę, teraz i od życzliwego człowieka, niżby to miało wisieć nad nim.

Eseista „Expressu" pisze: „Mógł się pan Sienkiewicz trzymać logiki, może to uczynić również pan Hoffman", a nie nielogicznie obsadzać jednego aktora w dwóch sienkiewiczowskich rolach. Oczywiście uważam, że innym niefortunnym pomysłem Hoffmana, za który go nikt do tej pory nie zaatakował, jest kręcenie *Trylogii* od tyłu. Myślę, że ten pusty chwyt formalny, będący wynikiem zafascynowania nowinkami zachodniej awangardy, jest z pewnością sprzeczny z intencjami pisarza. Widocznie umknęło to uwadze zajętych prawdopodobnie na innym odcinku panów Grzeleckiego i Czaplińskiego, ale mnie się to, zresztą przez przypadek, rzuciło w oczy.

Oczywiście każda nowa i jedynie słuszna metoda jest słuszna do pewnych granic. No bo gdyby na przykład przyszło kilka listów, z których wynikałoby, że redaktor Czapliński jest źle obsadzony, redaktor naczelny „Expressu" Zbigniew Sołuba może wprawdzie uważać, że redaktor

Czapliński jest dobrze obsadzony, ale jeśli nagle redaktor Czapliński napisze w bratnim „Życiu Warszawy", że redaktor Sołuba jest źle obsadzony? Red. Sołuba odwołałby się do czytelników i wygrałby oczywiście wszystkie plebiscyty, ale redaktor Czapliński mógłby odpowiedzieć, że głosy zostały źle obliczone albo że na redaktora Sołubę głosowała jedynie „jakaś specjalna frakcja społeczna". Redaktor Wilhelmi drukuje mnie w „Kulturze", ponieważ wie, że jestem człowiekiem spokojnym i nigdy mi nie przyjdą do głowy żadne pomysły z nowym obsadzaniem.

Kończąc, chciałbym wyrazić nadzieję, że ogólnonarodowa dyskusja dopiero się rozkręca, czekają nas jeszcze długie miesiące emocji, i że rolę Kmicica zagra Kloss.

Od przodu

W związku z moim felietonem pt. *Od tyłu* otrzymałem kilkadziesiąt listów, z których część czuję się w obowiązku przytoczyć. Autorzy listów podzielili się na pięć grup: tych, którzy nie zrozumieli, o co mi chodzi, ale się ze mną zgadzają, tych, którzy nie zrozumieli i się ze mną nie zgadzają, trzecią i czwartą grupę stanowią ci, którzy zrozumieli moje intencje i się ze mną zgadzają bądź nie zgadzają, wreszcie piątą grupę, która w trakcie pisania zapomniała w ogóle, o co im chodzi, albo ustosunkowała się do spraw, które wykraczają poza ramy mojego felietonu.

„Z wielką satysfakcją podpisuję się wraz z gronem znajomych pod felietonem pana *Od tyłu...* Gdyby Żeromski w *Popiołach* ujrzał swego Rafała w postaci Daniela, na pewno dostałby ciężkiego ataku serca... Tylko Mikulskiego widzimy w roli Kmicica" (podpis nieczytelny) Warszawa.

Pan Jan Bartosz z Rawicza: „Czy wielka narodowa dyskusja jest rzeczywiście wyrazem (cytuję za panem Głowackim) nowej liberalnej tendencji, która zrywa wreszcie z kapitalistycznym nawykiem czasów, kiedy to obsadzanie aktorów było przywilejem dostępnym jedynie nielicznej grupie najlepiej sytuowanych reżyserów?" „Na pewno (kontynuuje Jan Bartosz — przyp. J.G.) opinia publiczna jest dziś konieczna w wielu ważnych decyzjach w warunkach demokracji, ale sprawa obsadzenia roli aktora w filmie jest chyba zbyt błaha... Uważam ją za nonsensowną... Czy to nie powrót do kultu jednostki aktorskiej, który podobno dawno minął".

Czytelnik „Kultury" z Opola: „...i teraz, kiedy zerwała się wrzawa przeciw obsadzeniu Olbrychskiego w roli Kmicica, wrzawa świadcząca o zdrowym rozsądku, kiedy reżyser p. Hoffman w sposób wyniosły potraktował ów proces, pan redaktor podśmiewa się z tej opozycji". List kończy się pogróżkowo: „...Odpis listu otrzyma pan redaktor Stanisław Grzelecki z «Życia Warszawy», nasz miły orędownik w walce z niewydarzonym pomysłem dotyczącym obsadzenia roli Bohuna" (!).

Jerzy K. Warszawa: „...pomysł w tym, aby Kloss zagrał Kmicica, jest przezabawny...".

Podpis nieczytelny, Łódź: „Całkowicie zgadzam się z panem Grzeleckim i panem Czaplińskim. Trzeba dać szansę innym aktorom wybicia się... Najlepszą i jedyną kandydaturą jest Stanisław Mikulski. Aktor, którego szanuje cała Polska".

Maciej K. Warszawa: „Wcale nie śmieszne jest, że główne role w sztukach i filmach powierza się ludziom bez wyższego wykształcenia wobec nieraz trudnej sytuacji dyplomowanych artystów".

Podpis nieczytelny, Warszawa: „Pański tekst jest głupawy i obrzydliwy. Właśnie że Kloss powinien zagrać. Nie ma w tym nic, ale to nic zabawnego".

Podpis nieczytelny, Warszawa: „Najlepiej byłoby, jakby zagrał Lopek Krukowski, bo on był pod Monte Cassino".

Dr inż. Zofia Górska i grono przyjaciół: „...W niemiły sposób wyraża się pan o jednym z najlepszych aktorów polskich: — Nieuk! Można nie mieć skończonych wyższych studiów, a być erudytą i nawet uczonym z tytułem (honoris causa) ...Olbrychski jest b. inteligentny, o czym świadczą przeprowadzone z nim wywiady".

R.S. Warszawa: „Rola Hamleta wcale nie jest łatwiejsza od Kmicica. Moim zdaniem właśnie ona wymaga wiedzy".

Czytelnik z Łodzi: „«Niech sobie nieuk gra duńskiego Hamleta, a nie naszego Jędrka Kmicica» — trafił pan w dziesiątkę, ośmieszając bezsensowne argumenty przeciw obsadzeniu Olbrychskiego".

Podpis nieczytelny, Warszawa: „Większość stanowisk w naszym kraju, konkretnie w moim zakładzie, obsadza się bez sensu".

Czytelnik z Warszawy: „Aktorzy polscy, zwłaszcza wybitni, powinni świecić przykładem. Przypadkowo mieszkam naprzeciwko jednego z nich...".

Z głębokim smutkiem przyznając się do klęski, jaką dla każdego publicysty jest napisanie tekstu niejednoznacznego, na swoje usprawiedliwienie powiem tylko, że rzeczywistość znacznie przerosła moje oczekiwania. To, co wydawało mi się surrealistycznym dowcipem, było tylko nieudolnym naśladownictwem życia.

Kończąc, nie wyjaśnię, o co mi naprawdę chodziło, aby nie narazić się najpoważniejszej i najbardziej bojowej grupie, która źle mnie zrozumiała, w związku z czym jest ze mną. Zrobienie kariery w oparciu o czytelników, którzy cenią mnie, gdyż wszystko, co piszę, zrozumieli odwrotnie, wydaje mi się propozycją świeżą i zbyt kuszącą, abym z niej łatwo zrezygnował.

Koniec z paskudą

Stan naszego kina jest bardzo dobry. Same filmy nam nie wychodzą, robimy jednak, co możemy, i będziemy dalej szli z postępem. To jest pewne i nie ma co się nad tym rozwodzić. Za to mamy najlepszą na świecie myśl filmową. Pisze tak nasza prasa, bo tak jest. Wnioskowałem już, żebyśmy zaczęli tę myśl nakręcać. Na przykład sprawozdania z festiwalu filmowego w Cannes. Zaprezentowaliśmy na nim to, co chcemy i będziemy pokazywać, ale jakoś na razie filmy nasze nie mają szczęścia u obcych. Naszego plakatu jednak nawet i tu nie udało się podważyć. O festiwalach filmowych mamy jednak swoje zdanie. Jest to chora narośl na żywym ciele naszych osiągnięć.

Poza myślą mamy jeszcze bardzo dobre konferencje prasowe z udziałem Zanussiego oraz bardzo dobrą milczącą większość naszej kinematografii, czyli delegacje urzędników-aktywistów na festiwale. W ciągu 30-lecia tylko jeden z nich zadał Bergmanowi w języku Goethego podchwytliwe pytanie: „Wo sind Sie Schuster kaufen", co po polsku może znaczyć: „Gdzie pan kupił te buty".

Na festiwalu w Gdańsku też było dobrze. Ponieważ jednak na przegląd myśli filmowej w Gdańsku nie byłem zaplanowany, chciałbym z tego miejsca dorzucić swój głos i postawić parę pytań na zaraz.

A więc: na jakim widzu nam zależy? Zależy nam zwłaszcza na tym widzu, który nigdy do kina nie pójdzie. Na tym, co chodzi, zależy nam mniej, bo i tak chodzi. Jego trzeba tylko co najwyżej przytrzymać. A tamtego, który nie pójdzie, trzeba przyciągnąć. Musimy więc przyciągać szczególnie: notoryka, amnesta, absenta, parkowego wampira, zbiorowego gwałciciela z przyjaciółmi, kaziroda, opoja, ekshibicjonistę-dżunglarza, drogowego pirata i męskiego prostytuta, czyli krótko mówiąc tzw. trzeciego widza. To znaczy w kolejności zadań. Najpierw musimy ich odciągnąć od krzaków, kłódek, ofiar, gastronomów, potem przyciągnąć, następnie wychować i potem przytrzymać. Żeby zamiast topić w koniaku ciężko zdobyte 15 złotych, wydawali je zgodnie ze swoją przyczajoną potrzebą.

Ale żeby trzeci widz poszedł do kina, musi wiedzieć, że mu się tam spodoba. A żeby mu się spodobało, musi się poddać sugestii i utożsamić. Dlaczego tak jest, nie wiadomo na pewno. To jeden z sekretów X Muzy. Dlatego nie ma tu gotowych recept. Chociaż jednak są. Otóż widz w zasadzie jest gotów poddać się sugestii i utożsamić, tyle że nie z każdym. Nasz widz np. nie utożsami się z byle paskudą, zwłaszcza taką paskudą, co na końcu przegrywa. Dlaczego tak jest, też do tej pory nie wykryto. Widz lubi, żeby go na ekranie chwalić, a nie ganić, pouczać albo mu wytykać. Bo nasz widz sobie na to zasłużył. Więc po prostu lubi, żeby było sprawiedliwie. Otóż, żeby się widz utożsamił, film musi sprostać następującym warunkom. Widz musi czuć, że ten równiacha na ekranie czuje i kombinuje tak jak on. I słusznie, widz ma bowiem prawo do filmu współczesnego i współczesnego modela. Krótko mówiąc: My 74. I dlatego właśnie na osobie Kmicica widz dokonuje radosnego odkrycia. To ja! Bo oczywiście widz, którego atakujemy dźwiękiem i obrazem, nie rozumie współczesności z nachalstwem. Że jak kto jest w kostiumie, to jest historyczny. Widz wyznaje się, że nie kostium, a to, co jest w środku, przystaje jak trzeba do współczesności. Krótko mówiąc, widz lubi, żeby jak kogoś rolują, to nie do końca, aby ten wyrolowany sam mógł na końcu rolować. Symboliką tego jest piękna i bliska każdemu scena w szwedzkiej smażalni. Wróg smaży chorążego do czasu.

Nie wolno zapominać, że trzeci widz, którego przyciągamy, jest widzem doświadczonym. Być może w swej wąskiej specjalności, ale jednak. Dlatego też bardzo trafnym pociągnięciem, dającym świadectwo wyczucia potrzeb społecznych, pójścia z duchem czasu i uświadomienia sobie nieodwracalności rewolucji obyczajowej, było obsadzenie w roli Oleńki świetnego aktora szwedzkiego Maksa von Sydow, znanego z filmów takich, jak *Siódma pieczęć, Twarz, Egzorcysta* i *Potop*. Nadaje to oczywiście gigantowi dodatkowych znaczeń, pogłębia Sienkiewicza i bardziej współcześnic, choć przyznaję, nieco perwersyjnie, kojarzy związek młodej pary. Oleńka upostaciowuje Polskę. Bardzo trudno jest zagrać symbolikę kraju. Zresztą Max von Sydow mówił o tym w wywiadzie. Każdy ma swoją wizję i kraju, i Oleńki, więc — i reżyser ma prawo do swojej. W zestawieniu z bardzo męską Oleńką Maksa von Sydow — Kmicic Olbrychskiego jest trochę za mało kobiecy. Po co to popisywanie się koniem i starym białym żelastwem. Mnie prywatnie to trochę raziło, zwłaszcza w scenach erotycznych oddawania się Olbrychskiego w saniach z okrzykiem: „Ech, jak mnie na waćpana bierze ochota", kiedy to Max von Sydow posiada chorążego, trochę nienaturalnie zamykając usta. Na oko poprawiały sytuację sztuczne rzęsy Olbrychskiego, świadomie zacytowane przez reżysera Hoffmana z innego współczesnego filmu: *Mechaniczna pomarańcza*.

Chciałbym raz jeszcze podkreślić, że widz lubi rewolucję obyczajową, ale nie lubi łatwego podglądactwa. Dlatego godny uznania jest dobry gust Maksa von Sydow, który raz tylko pokazuje gołą pierś. Co widz akceptuje. Natomiast widz nie życzy sobie, żeby mu z ekranu pokazywano za jego pieniądze gołą Dykiel (w *Pójdziesz ponad sadem*). W sumie Olbrychskiemu należą się jednak słowa uznania za intelektualne sprostanie tak skomplikowanej postaci jak Andrzej Kmicic. Przy okazji chciałem przypomnieć, że Brzozowski nazywał Dostojewskiego atakującym Kmicicem rosyjskiej myśli filozoficznej.

Jak wspomniałem, taki bohater, w stosunku do którego nasz widz podda się sugestii, nie może przegrać. W ostateczności pozostaje mu zawsze gest heroiczny. Taki jak wysadzanie Łomnickiego albo śpiew na haku Perepeczki. Ten ostatni utwór jest szczególnie użytecznym przykładem. Czym można przyciągnąć skuteczniej pasożyta i skłonić go do aktywnego uczestnictwa w kulturze, jeśli nie takim tasiemcem w segmentach jak *Janosik*? Z drugiej strony widz wie, kto mu na co dzień grozi. Dlatego niepokoi go najbardziej zanieczyszczenie środowiska i zagrożenie cywilizacji filmami *Ciemna rzeka* i *Czarne chmury*. Dlatego cieszą go próby przeciwdziałania i przyciąga do kina mozół młodego naukowca, np. Kopernika czy czarownicy w *Gnieździe*. Bliskie są mu też problemy budownictwa murowanego. I tu trzeba przyklasnąć inicjatywie realizowania na ogólne zamówienie filmu *Kazimierz Wielki*. To dowód nadążania, a nawet wyprzedzania w kroku naszej współczesności.

Widz jednak, i ten zdobyty, i atakowany, żąda stanowczo, aby takie filmy broniły wartości naszego humanizmu. A ponieważ klimat u nas chłodny, powinien to być humanizm ciepły.

Poza tu omówionymi — widza można spróbować przyciągnąć także filmem dobrym. Ale jest w tym jakaś racja, że filmów takich nie robimy. Bo każdy powinien robić to, co mu najlepiej wychodzi. Dlatego też solidaryzuję się z tendencją odrzucania wszelkich pomysłów na filmy dobre. Bo i tak na pewno nie wyjdą. I nie ma tu co rozdzierać szat, ponieważ film dobry jest do nabycia za granicą. Tyle że kto ma głowę, żeby się identyfikować z umierającym pod koniec filmu Godfatherem albo kogo przyciągną przygody niejakiego Bullitta? Komu w głowie mechaniczne pomarańcze, kiedy południowych pomarańczy mamy w bród?

Nad Szekspirem

Come, let us our holy work again.
(*Ryszard III*, III.7)

Niedawno Teatr Współczesny wystawił *Macbetta* Ionesco. Miałem nadzieję, że świetny komediopisarz wyszydzi pesymizm i ponuractwo Szekspira, ale Ionesco nic nowego nie wymyślił, poszedł po linii najmniejszego oporu i wyśmiewa władzę. Szekspir był czarnowidzem, to, co napisał, było na ogół głęboko smutne. Publiczność wychodziła z jego sztuk zniechęcona do pracy, do siebie, do rodziny, w ogóle do życia, a co najgorsze — do osób panujących. Oczywiście, trzeba mu oddać sprawiedliwość — był pisarzem dobrym, ale właśnie to nakładało na niego szczególne obowiązki.

Czyż właśnie od ludzi utalentowanych nie mamy prawa żądać więcej niż jednostronnego i tendencyjnego wyboru faktów i tematów niekorzystnych dla pracowitego narodu angielskiego? Anglia obiektywnie znajdowała się wtedy w dobrym okresie: w 1588 roku pokonała „Niezwyciężoną Armadę", wołową sochę wyparł koński pług, w 89 roku Essex wylądował w Portugalii, w 96 Essex i Drake z powodzeniem interesują się Kadyksem, rośnie eksport do krajów murzyńskich, w powietrzu wisi trójpolówka, w hrabstwie Cheddar pracowano nad wynalazkiem sera.

Szekspir jak wielu literatów, pozbawionych instynktu politycznego, nie widział albo nie chciał widzieć sukcesów politycznych i ekonomicznych kraju. Królowie bywają różni i nie można wsadzać wszystkich do jednego wora, osłabiając autorytet władzy. Królowa Elżbieta wielokrotnie zresztą rozmawiała na ten temat z Szekspirem, między innymi także w lipcu 1588 roku na zjeździe wielmożów w lasku Birnam, co autor później ironicznie wykorzystał w *Makbecie*. Wysłała do niego także wolnomyśliciela, lorda Westmasterlanda, zwanego znacznie później elżbietańskim Toeplitzem, aby spróbował go zachęcić do weselszego spojrzenia na życie. Królowa podrzuciła nawet osobiście pisarzowi szereg pogodnych anegdot z życia dworu. Lord Westmasterland był bardzo interesującą postacią, należał wraz z przyrodnim bratem lorda Gloucester, z synami starszego Bolenbroke'a i ich satelitami do straconego pokolenia, zwanego wtedy „Lordowie 1588". Wszyscy oni zresztą zginęli tragicznie, gdy prowadząc po pijanemu konie, z nadmierną szybkością wpadli na wracającą z wojny nieoświetloną wieżę oblężniczą. Ocalał jedynie i na szczęście Westmasterland, który jechał jak zwykle na skróty. Jemu też zawdzięczamy głęboko wzruszający zapis o nieprzystosowaniu Lordów 88. Nawet jemu jednak nie udało się wpłynąć na Szekspira, jakkolwiek przyjaźnił się z nim do końca życia, i choć nie miał na to czasu ani ochoty, dla dobra narodu angielskiego towarzyszył mu w zakłócaniu spokoju nocnego i wywoływaniu zgorszenia w lokalu The Globe. Westmasterland osobiście był przy śmierci pisarza i oświadczył oficjalnie, że Szekspir, umierając, wszystko odwołał.

Na razie jednak Szekspir umieszcza w *Ryszardzie III* scenę detronizacji. Królowa Elżbieta nie interweniowała bezpośrednio, gdy dramaturg przedstawiał królów tyranów, ponieważ nie dostrzegała żadnych analogii. Natomiast pomysł z detronizacją wydał jej się tak teatralnie niedobry, że musiała zakazać wystawienia sztuki.

Szekspir tej sceny nie chciał wyciąć, mimo przejażdżki z Westmasterlandem. A przecież mógł wprowadzić te zmiany bez szkody dla całości utworu, który zyskałby nawet na zwartości, trwałby krócej, nie odrywając wodzów od ważnych spraw państwowych. Nie zgodził się także na to, aby lordów zmienić na bojarów i akcję przenieść w lata tysiąc trzechsetne. W sumie kto wie, czy nie Szekspir właśnie nasunął Cromwellowi pomysł z detronizacją i przyczynił się do skasowania króla. Brak zaangażowania Szekspira występuje szczególnie wyraźnie w zestawieniu z twórczością piszącego w tym samym czasie, znanego na całym świecie pisarza Szkota Anonima, który potrafił zamknąć w swej twórczości piękny, kolorowy, głęboko wzruszający i przepojony patriotyzmem obraz Anglii, podkreślając w niej trud królów, rycerzy, hodowców, robotników rolnych napędzających wiatrak i innych.

Wracając do *Makbeta*: pozornie jest to sztuka przeciw buntownikom i zdrajcom, ale w sumie wszyscy królowie mogą się nią poczuć obrażeni. Nie chcę bronić tego utworu, który jest tendencyjny, niesłuszny ideowo, nieprawdopodobny psychologicznie i po prostu źle napisany. Nawet w przedstawianiu ludu obsesjonizm Szekspira wypacza rzeczywistość. Czy rzeczywiście proste angielskie chłopki muszą być pokazane jako wiedźmy? Żeby jeszcze jedna była wiedźma, ale trzy? Przyjrzyjmy się charakterystycznemu dla Szekspira nachalstwu w wywoływaniu nastrojów: wiedźmy skrzeczą, ziemia dygoce jak w gorączce — to jeszcze jest do przyjęcia. Ale dwa wiersze niżej — sokół zostaje zadziobany w locie przez sowę? A następnie konie rzucają się na siebie i pożerają się żywcem. Konsultowałem tę scenę ze specjalistą, który z całą odpowiedzialnością stwierdził, że o ile byłoby to możliwe w środowisku świń, to u koni jest wykluczone. Słowem Szekspir wyraźnie odszedł tu od realizmu.

Z kolei w *Henryku VIII* przedstawia wydarzenia prawdziwe, czy jednak słusznie? Czy rzeczywiście celowe jest krytyczne ukazywanie króla odchyleńca? Czy wobec ogromnego wpływu sztuki nie przyjmie się to wśród ludu lub czy lansowany przez teatr zwyczaj ścinania żon nie zatoczy szerokich kręgów, odbijając się echem nawet na ziemiach położonych na wschód od Łaby? Czy takie przedstawienie króla może utrwalić wśród jego żon poczucie trwałości sukcesu?

Wracając do *Makbeta*: dla każdego piszącego jest oczywiste, że znacznie ciekawsze byłoby, z punktu widzenia dramaturgii, gdyby Makbet nie naradzał się z żoną, tylko najpierw nastąpiłoby morderstwo Duncana, a pod koniec wyjaśniłoby się, kto jest przestępcą. Czarownice powinny pojawić się najwyżej raz albo wcale, ponieważ stanowią dłużyznę. Jeśli idzie o pion ideowy, Malcolm nie powinien okłamywać Macdufa i wypróbowywać go w sposób, który może wystawić na szwank jego autorytet. Niepotrzebni są także synowie Duncana, odźwierny oraz scena przedstawiająca pijaństwo na dworskiej naradzie, gdyż pamiętać trzeba, że sztuka posiada walor uogólnienia, a jeśli coś należałoby uogólnić, to raczej postawę chorego na nerki Westmasterlanda, tym bardziej że Anglia znajdowała się wtedy na 3 miejscu w świecie w konsumpcji alkoholu.

Także w sprawach strategicznych czuje się brak konsultacji specjalistów. Jest oczywiste, że Makbet bez sensu zabija Duncana w swoim zamku, zamiast zaczekać, aż on wyjedzie i spowodować wypadek głazowy w wąwozie. Na zamku mógłby jedynie, przy pomocy prowokacji, osłabić nieco autorytet Duncana. Na przykład przez podstawione panie oskarżyć go o gwałt. Słowem — stopniowo kompromitować go, następnie namówić Banca, aby go zabił, potem stracić Banca jako zabójcę i władza nie straciłaby nic z autorytetu, a z punktu widzenia państwa mogłoby to być słuszne.

Makbet miał warunki na dobrego króla: był energiczny, pomysłowy, mógłby ulżyć doli angielskiego chłopa, stworzyć podstawy do gospodarczej współpracy z państwami środkowoeuropejskimi i pchnąć historię ludzkości naprzód.

Erotyzm ciemny i jasny

Ukazały się ostatnio dwie książki, które, wybłyskując nagle z szarości naszego życia literackiego, stały się prawdziwymi bestsellerami. Myślę oczywiście o *Ulissesie* Joyce'a i *Głupiej sprawie* Stanisława Ryszarda Dobrowolskiego. Warto chyba zastanowić się nad niewiarygodnym sukcesem rynkowym tych pozycji, stawiającym ich wydanie w rzędzie wydarzeń nie tylko kulturalnych, pozycji wyrastających zresztą z odmiennych tradycji kulturowych i literackich. Wirtuozeria formalna Joyce'a, jego wszechogarniający, rozchybotany język, przewalający się przez zdania i stronice w monologach wewnętrznych, oddających podświadome stany bohaterów, jakże różny jest od spokojnej, realistycznej narracji *Głupiej sprawy*. Dobrowolski odrzuca formalne odkrycia *Ulissesa,* choć nietrudno byłoby mu, idąc tropami Virginii Woolf, Butora, Nathalie Sarraute, Becketta, Ionesco i wielu innych — przejąć je czy twórczo rozwinąć. Pisząc w opozycji do takiego pojmowania literatury, stworzył Dobrowolski utwór jednolity i konsekwentny, którego największym walorem i źródłem sukcesu rynkowego jest współczesność, podjęcie bieżącej problematyki. Książka kipi wprost rytmem niedawnych wydarzeń politycznych. Przy wszystkich odrębnościach narzucają się i podobieństwa. Krytycy pisali wiele o braku wyobraźni autora *Ulissesa*. Rzeczywiście. Joyce wprowadza na karty swych książek autentyczne postacie ze swojej rodziny, otoczenia itp., przetwarzając jednak sytuacje, w jakich one się pojawiają. Dobrowolski, traktując prozę jako rzecz z pogranicza eseju, publicystyki i beletrystyki, wprowadza także portrety swych współczesnych, niczego jednak nie zmieniając, także nazwisk, otwarcie chwali ich lub gani. Dotyczy to również pisarzy. Tu zresztą zarysowuje się pewna różnica — Joyce polemizuje ze współczesną sobie literaturą poprzez formę *Ulissesa*. Dobrowolski jest bardziej konkretny. Nie ukrywa swojej niechęci na przykład do powieści politycznych Putramenta czy trzeciego tomu *Kolumbów* Bratnego.

Bohater książki Joyce'a analizuje sukces Szekspira, bohater *Głupiej sprawy*, i jest to ciekawszy zabieg formalny, analizuje i ocenia, zresztą przychylnie, jedną z książek Dobrowolskiego: „nie całkiem głupi facet (z autora — przyp. J.G.) i pomyśleć, że to było pisane tyle lat temu, a dzisaj pasuje do wszystkiego". Mrocznemu erotyzmowi *Ulissesa* przeciwstawia Dobrowolski ciepłe w tonacji, liryczne opisy: „Powściągliwa na ogół w wyrażaniu swoich uczuć Zofia kipiała tym razem młodzieńczą radością życia, nie cofała się przed kokieterią... — A będziesz mnie kochał? — zapytała go wprost, znalazłszy stosowny po temu moment... No to daj mi... orzeszków — ściszyła głos do pianissima". I ten opis kończy jednak bliska Joyce'owi aluzja do antyku: „Tuż naprzeciw, niedaleko od nich, sąsiednią alejką sunęli jak cienie w asfodelowej białej dolinie wiekuistej ciszy nad Styksem poważni spacerowicze".

Ale nie chodzi przecież o to, by bawić się w wyszukiwanie przeciwieństw i analogii, pozostawiam to fachowej krytyce. Po prostu trzeba skonstatować fakt, że niepoprzedzona atmosferą erotycznego skandalu i falą snobizmu książka Dobrowolskiego zniknęła w parę dni z półek księgarskich. Miejmy nadzieję, że Czytelnik nie każe nam zbyt długo czekać na drugi nakład.

Chciałbym teraz zatrzymać się przy *Ulissesie,* którego sukces stał się prawdziwym fenomenem socjologicznym. Pamiętam szmer radosnego podniecenia wśród żon artystów stołujących się w Związku Literatów: „Wyszedł *Ulisses...".* Następnie zaniebieściło się od *Ulissesów* w Bristolu i Europejskim, gdzie luksusowe damy w krótkich przerwach między pełnieniem swych odpowiedzialnych funkcji pochłaniały posłowie Słomczyńskiego, tamże pewien efebowaty młodzieniec, znany w kręgach stolicy jako „Kocica", próbował upowszechnić wśród panów hasło „poznajemy się po *Ulissesach*". Rzecz upadła z braku towaru. Na urządzonej w Gdańsku licytacji egzemplarz *Ulissesa* osiągnął cenę 1700 złotych. Nakład 40 tysięcy to jeszcze nie nakład *Pancernych* i *Klossa*. Biorąc jednak pod uwagę, iż *Ulisses* nie należy do lektur łatwych, kosztuje 100 złotych i liczy sobie 831 stron, a sceny erotyczne, poza monologiem Molly, są tak zdeformowane, że nie najłatwiej się w nich połapać, sukces Joyce'a w Polsce przeszedł wszelkie oczekiwania. Oczywiście, nie należy mylić zakupienia egzemplarza z jego przeczytaniem. Ze wstępnych badań przeprowadzonych przez zaprzyjaźnionego socjologa dowiedziałem się, iż na sto zapytanych osób, dziewięćdziesiąt natychmiast po nabyciu książki odstawiło ją na półkę, siedem zniechęciło się po 30–50 stronach, dwie przeczytały podkreślone długopisem fragmenty, co było zresztą wynikiem mrówczej pracy jedynej osoby, która przejrzała całość (poza *Ulissesem* krążył ostatnio z podkreśleniami fragmentów erotycznych tylko Baldwina *Inny kraj* i *Głupia sprawa*, przy czym u Dobrowolskiego podkreślano diagnozy polityczne). Cała setka twierdzi jednak zgodnie, iż *Ulisses* jest arcydziełem. Notabene także zachwycony *Ulissesem* Shaw i pełen dla niego podziwu Yeats nigdy nie doczytali *Ulissesa* do końca.

Teatr „Wybrzeże" wystawił w reżyserii Zygmunta Hübnera sztukę Macieja Słomczyńskiego pt. *Ulisses*. Miejmy nadzieję, że *Głupia sprawa* też doczeka się wersji scenicznej. Do Gdańska ciągną więc pielgrzymki z Warszawy, i słusznie, ponieważ jest to najlepszy utwór, jaki do tej pory Maciej Słomczyński napisał. Wyjaśnia on w programie: „Było to zadanie olbrzymie i zdaję sobie sprawę, że ośmieszyłbym się zasłużenie, próbując sugerować, że dla pokazania *Ulissesa* na scenie musiałbym dokonać rewolucji w dramacie, podobnej do tej, jakiej Joyce dokonał w prozie. Niemniej jednak, ponieważ cały mechanizm tej sztuki jest moją prywatną własnością i wynikiem moich rozmyślań, pozwoliłem ją sobie podpisać moim nazwiskiem na podstawie powieści Jamesa Joyce'a — po prostu dlatego, aby uniknąć nieporozumień...".

Chciałbym od razu napisać, że spektakl jest udany. Świetna reżyseria Hübnera i scenografia Skarżyńskich, dobra gra aktorów. Jednak autor *Ulissesa* dla „potrzeb sceny" wykonał na swoim nieżyjącym koledze, autorze *Ulissesa,* „dla potrzeb literatury" egzekucję dość bezwzględną, przypominającą sposób, w jaki potraktowano Leopolda Blooma w nocnym miasteczku, przy czym, nie wiedząc nic o masochistycznych tęsknotach Joyce'a, trudno byłoby stwierdzić, czy zabiegi te sprawiłyby mu równą satysfakcję. Oczywiście było to nieuniknione. Maciej Słomczyński i tak napisał dobrą, nowoczesną i ambitną sztukę. Tylko że taką sztukę mógłby napisać bez trudu Tadeusz Różewicz, i to sam, bez pomocy Joyce'a, a przecież nawet Różewicz miałby kłopoty z napisaniem *Ulissesa* prozą, choćby pomagał mu Słomczyński.

Sala była nabita po brzegi.

„Ja jestem całkowicie po jej stronie" — wyznała mi elegancka pani w średnim wieku, połyskując pierścieniami, których ilość wpędziłaby w kompleksy zespół big-beatowy. „Autor słusznie pokazał, że jak się ma starego grubego męża, który chodzi, z przeproszeniem, na k..., to nie ma powodu, dlaczego jego żona ma go nie zdradzać. Sztuka jest słuszna, niepotrzebnie tylko używa się słów niepublicznych".

„Mnie się to wydaje udane — mówi inna pani — jakkolwiek osobiście nie lubię wyinaczeń. Już w *Popiołach* mnie to drażniło".

„Podoba mi się to — powiedział młody marynarz — to mi przypomina rodzaj fantastyczno-naukowy".

Zgodność w ocenie wartości sztuki przy niepełnym jej, jak widać, zrozumieniu — Słomczyński jest pisarzem trudnym — uświadomiła mi jednak niewątpliwe korzyści, jakie przynieść może histeryczna miłość naszego społeczeństwa do Joyce'a i Słomczyńskiego. Otóż na przedstawieniu zjawili się i zderzyli z nowoczesnym teatrem ludzie, których normalnie taka literatura odrzucała i śmieszyła. Przyszli ci, dla których literatura umarła wraz z Żeromskim. Konfrontacja z *Ulissesem,* nawet scenicznym, musi wprowadzić w ich poglądy na sztukę jakiś niepokój. A właśnie pieczątka arcydzieła, atmosfera skandalu — odegrać tu mogą rolę pożyteczną. W sytuacji, gdy inne metody i argumenty stosowane przez nasz aparat kulturalny działają niekiedy odwrotnie, nieoficjalny, sterowany snobizmem kurs na Joyce'a może przynieść wspaniałe rezultaty.

Oczywiście tego wszystkiego nie wymaga współczesna proza typu *Głupiej sprawy*. Ale takich książek jest wciąż bardzo mało. Stąd sukcesy Słomczyńskiego, a zwłaszcza Joyce'a.

Obrona Poloniusza

Nie tak dawno omawiałem na łamach „Kultury" sztukę angielskiego literata Williama Szekspira pt. *Makbet*. Nie ukrywałem wrażenia, że głęboki pesymizm uzdolnionego skądinąd autora nie wydawał mi się zgodny z interesami polityki krajowej i zagranicznej Anglii w końcu XVI wieku. Dziś chciałbym przyjrzeć się proponowanemu przez Szekspira bohaterowi w innej jego sztuce pt. *Hamlet*, zastanowić się, na ile lansowany przez pisarza model mógł być atrakcyjny dla lojalnej w stosunku do królowej, a więc najwartościowszej części angielskiego rycerstwa. Czy lordowie wychodzili z teatru zachęceni do bitew i wypełnieni szacunkiem dla królowej Elżbiety, czy dopuszczalne było pokazanie Poloniusza, urzędującego ministra, oddanego funkcjonariusza i świetnego fachowca, jako półinteligenta, poczciwca i królewskie ucho.

Jest znamienne dla młodego poety tendencyjne przesunięcie akcentów, kreowanie na bohatera nielojalnie nastawionego do króla i w związku z tym nieciekawego pod względem etycznym Hamleta — kosztem bezgranicznie lojalnego doradcy, konsultanta, członka najwyższej rady królewskiej. Ale to właśnie typowe dla tego niedoświadczonego pisarza mnożenie sprzeczności i przeciwieństw. Szekspira nie stać było na obiektywizm wobec tego, co widział na dworze i wobec własnych bohaterów. No cóż, to dobre prawo każdego pisarza, którego nie zawsze można mu w pełni odmówić. Ileż musieli natrudzić się zaufani lordowie biegli przecież w rozmowach z pisarzami, niejeden raz stawała ta sprawa na radzie wielmożów, zanim udało im się wreszcie zachęcić „upartego Williama", jak nazywała go królowa, aby przeniósł akcję utworu do Danii i cofnął ją o parę lat. Dzięki temu sztuka wyzbyła się balastu nieprzemyślanej do końca i nieodpowiadającej potrzebie chwili aluzyjności, a zyskała fałszywą zresztą w swych pesymistycznych uogólnieniach uniwersalność.

Utarło się mniemanie, iż Poloniusz był nieinteligentny. Zostawmy na boku rozważania, czy królowi Klaudiuszowi potrzebniejszy był do wykonywania poleceń oddany półinteligent, czy intelektualizujący w niewłaściwym kierunku następca tronu. Bo jest rzeczą oczywistą, że Poloniusz głupotę symuluje, podobnie jak Hamlet symuluje obłęd. Poloniusz wie, że nie powinien być za mądry, wie, czego się od niego oczekuje. Wie również, że są rzeczy ważniejsze od tego, aby się nie jąkać i nie mieć opinii głupka. I Hamlet, i Poloniusz udają głupich, ale z odmiennych pozycji. W zgodzie z etyką jest tylko Poloniusz, który robi to dla dobra władzy, a więc z większym zapałem, a co za tym idzie, robi to lepiej. Poloniusz zauważył jednak, że w szaleństwie Hamleta jest metoda. Hamlet z gry Poloniusza nie zrozumiał nic. Po zlikwidowaniu Poloniusza mówi: „Żegnaj, głuptasie". Czy można nazwać głuptasem ministra, który nie ufa nikomu, każe śledzić własnego syna, podsłuchuje nawet rozmowę królowej, słusznie przewidując, że uczucie do syna może zachwiać jej lojalność, wreszcie wykorzystuje do świetnie pomyślanej prowokacji własną córkę.

Hamleta śmieszyło, że Poloniusz mu się podlizuje, uważa go za błazna. Ale Poloniuszowi nie zależy na opinii Hamleta i jego środowiska, tylko na opinii oficjalnej.

Wie, że przesadnie dociekliwy i sfrustrowany następca tronu został już przez króla skreślony. Hamlet naraził się królowi, więc już nie żyje, zmarłych należy szanować — w tym przejawia się śródziemnomorska kultura wytrawnego ministra. Miecz jeszcze nie opadł, zanim więc Klaudiusz ostatecznie da bratankowi popalić, nie należy go płoszyć, zwłaszcza że halo, halo, opinia społeczna jest za nim. Dziwne, ale tak jest. Z tą opinią nigdy nic nie wiadomo.

Poloniusz nie miał szczęścia do krytyków. Gdyby był homoseksualistą albo niepełnej krwi Duńczykiem, na pewno stałby się pieszczochem elżbietańskich eseistów, lubujących się we wszelkiego rodzaju wypaczeniach. Ofelia jest szalona i od razu jest w porządku, jest tragiczna. Poloniusz był uczciwy i lojalny, tacy bohaterowie, niestety, nie byli wtedy modni u krytyków. O takich zwykłych ludziach, których spotyka się na co dzień dokoła, nikt nie pamięta. Poloniusz był inteligentny, oddany i pełen żarliwości. Czy był szczery wobec samego siebie? Czy domyślał się, że Klaudiusz jest zbrodniarzem? Jeśli tak, to tym większa jego zasługa, że nic nie dał po sobie poznać, że nie przysparzał zmartwień władcy. Sytuacja Danii nie była najlepsza, po kraju pętało się norweskie wojsko. Poloniusz widzi, że Klaudiusz umie rozsądnie dogadać się z Norwegami, racja stanu przemawia za królem.

Czy Poloniusz był bohaterem tragicznym? Któż może wiedzieć, czy nie nachodził go nocą diabeł? I to nie żaden duch ojca, który jest w ogóle postacią co najmniej niejasną — ciekawe, co to w ogóle za duch, skąd się wziął, kto go na księcia nasłał, czy aby nie przyszedł najprostszą drogą z norweskiego obozu ideologicznego, aby wywołać rozłam dworski. Poloniusz mógł przecież wybierać. Czy nie myślał o drodze innej: wykorzystaniu słabości księcia do córki, dogadania się z Hamletem i skasowania Klaudiusza. Wtedy mógłby rządzić naprawdę, będąc jedynie firmowany przez żigolaka z Wittenbergi. Poloniusz kocha córkę, chciałby mieć pełną władzę, ale wybiera zaufanie Klaudiusza i bieżący interes Danii. Było jeszcze jedno wyjście: wyłączyć się na jakiś czas, przeczekać. Wiedział, ile ryzykuje trawa na łące, na której walczą słonie. Ale nie umiał być niezaangażowany. Może nie mógłby znieść samotności, tego, że nikt się z nim nie konsultuje. Fachowo przygotowuje wyjazd Hamleta, niestety, ginie niepotrzebnie, głupią śmiercią. Ale ginie na posterunku, do końca nadstawia ucha, ginie zamiast króla. Przeliczył się w ocenie niebezpieczeństwa ze strony pozerka i cwaniaczka udającego frustrata. Tej omyłki, niestety, nie da się już naprawić.

Ale jego śmierć nie jest jednak zupełnie niepotrzebna, to sygnał alarmowy dla Klaudiusza: jest źle. Klaudiusz piorunem organizuje bratankowi zaproszenie do Anglii. Ale w państwie duńskim po śmierci Poloniusza coś się zaczyna psuć. Dwaj świetni fachowcy, Guildenstern i Rosenkrantz, zostają zneutralizowani. Ich jedyną winą była lojalność wobec prawowitej władzy, należeli do pokolenia Hamleta, umieli wybrać inaczej, słuszniej. Poświęcili przyjaźń, aby współpracować na solidnych warunkach z królem. Czy ktokolwiek zażądał kiedyś od Hamleta lub, co byłoby słuszniejsze, od literata Szekspira rachunku za ich niesprawiedliwą śmierć na akcji?

Król Klaudiusz był — widać to wyraźnie z jego postępowania i z bratem, i z Hamletem — materiałem na energicznego władcę. Zaczął niedobrze, ale odczuwał potrzebę ekspiacji, już się nawet zaczynał modlić. W gruncie rzeczy nie był złym człowiekiem. Mógłby przy pomocy Poloniusza przywracać wiarę w prawdziwe wartości, podeprzeć to swoją przekonywającą władzą, i Dania weszłaby zapewne w najlepsze lata. Niestety, został sam z półamatorem Laertesem. I wtedy wykończył go głupio następca tronu w imię fałszywie pojętej moralności, zmieszanej z erotycznymi kompleksami, opierając się w dodatku na informacjach przekazywanych przez podszepty ducha, jak już sugerowałem, bardzo podejrzanej inspiracji. I tak oto, gdy zabrakło Poloniusza, Rosenkrantza, Guildensterna i innych oddanych lojalnych funkcjonariuszy, na tronie duńskim rozpanoszył się Norweg.

Tradycja i postęp

Życie jest, jak wiadomo, nieudolnym naśladowaniem sztuki. Żebyśmy więc mogli zachwycać się *Iliadą*, Trojańczycy musieli z powodu zachcianki greckiego piosenkarza przeżyć wojnę trojańską i stracić miejsce stałego pobytu. Stąd szczególna odpowiedzialność wielkich epików, takich jak Homer czy Bratny, za kształt teraźniejszości. Sztuka, niestety, rozwija się stale, rzeczywistość ściga ją, jak umie, a spora część współczesnych zostaje w tyle.

Ostatnio, na przykład, pewna młoda mieszkanka stolicy w czasie spektaklu awangardowego teatru japońskiego nie stanęła na wysokości naszych czasów i kiedy postępowy artysta japoński, po wygaszeniu dla oszczędności światła, począł zrywać z niej bieliznę i drzeć spodnie, wybuchnęła tradycyjnym wrzaskiem. Uniknęliśmy ogólnonarodowej kompromitacji jedynie dlatego, że świętoszkę ową otaczali ludzie o szerokich horyzontach, którzy ze spokojnym entuzjazmem obserwowali rozwój aktu twórczego.

Aby zaoszczędzić nam wstydu, zażenowani postawą wyróżnionej dziewczyny koledzy Japończyka poczęli zniechęcać pioniera z Tokio do torowania drogi postępowi. Jakkolwiek więc awangarda w teatrze Rozmaitości triumfowała, sukces jej nie był zupełny.

Dewotka z Rozmaitości po wyleczeniu szoku nerwowego i zlikwidowaniu śladów walki starego z nowym, zamiast poczytać Arrabala albo przynajmniej Andrzeja Żuławskiego, podała do sądu organizatorów spektaklu za „zorganizowanie przedstawienia teatru awangardowego dla niewyrobionej publiczności (tylko ona okazała się do końca nieużyta) oraz niezapewnienie należytej ochrony widzom" (nie jesteśmy krajem najbogatszym, nie stać nas na obserwację wszystkich obywateli).

Nic dziwnego, że kiedy w warszawskim sądzie poluje się na japońskie czarownice, podniosła też głowę reakcja w prowincjonalnym Wrocławiu, gdzie podczas Festiwalu Teatrów Studenckich miał miejsce kolejny występ bojowników o postęp z kraju kwitnącej wiśni. Wychowani na Stanisławskim reakcjoniści przemyślnie obsadzili pierwsze rzędy pełnosprawnymi teatromanami, cieszącymi się od lat zasłużoną sławą w działających na zapleczu teatru lokalach gastronomicznych. Widzowie uszykowani byli według założeń taktycznych, które przyniosły nam sukces pod Grunwaldem: na początku hufiec czelny, za nim walny, z tyłu tak zwana stracenica.

Jednakże strategia ta, przodująca w szczęśliwym pierwszym dziesięcioleciu XV wieku, wykazała już wkrótce wszystkie swoje niedostatki. I gdy w pierwszych rzędach wykidajły, ciesząc się na przedstawienie, robili rozgrzewkę, klin japońskich artystów, prowadzonych przez uzbrojonego w latarkę odtwórcę roli tytułowej, zaszedł salę od stracenicy, gdzie na skutek nadmiernej pewności siebie pozostawiono żony, siostry i córki goryli bez ochrony. Zanim więc miłośnicy teatru z pierwszych rzędów zdążyli się przegrupować, japońska myśl taktyczna przez długą chwilę święciła pełny triumf.

Awangardowi twórcy ugięli się oczywiście w końcu przed liczebną przewagą gospodarzy, ale wycofali się w porządku, ukrywając gorycz artystów niezrozumianych i wyprzedzających swoją epokę.

A przecież postęp ów, do którego pierwsza linia awangardy japońskiej dobija się drogą żmudnych poszukiwań formalnych, u nas chodzi po prostu wieczorami po ulicach. Tyle że my straciliśmy wrażliwość estetyczną — nie potrafimy dostrzec piękna ani ocenić nasycenia formą życia naszego powszedniego. Może więc gdyby u nas miał dokonać się swoisty paradoks i sztuka poczęła stawać się odbiciem rzeczywistości, a nie odwrotnie, kultura nasza otrzymałaby historyczną szansę.

Jeśliby na przykład Pagart zorganizował za granicą występy owego staruszka, który w teatrze, zachwycony naszą klasyką, wysikał się euforycznie z balkonu na dół — Tokio potrafiłoby to ocenić. Nie czeka nas wcale wielka praca. Przekuć trzeba jedynie w zawodostwo, wzbogacić o świadomy warsztat to, co najlepsze jest w nas, ale znajduje ujście tylko w chwilach iluminacji.

Ale sztuka sztuką, a tak prawdę mówiąc między nami, panowie, to, niestety, nalali nas Japończycy. Pogonili całą salę, nakopali nam, co byśmy tam nie pieprzyli...

Powrót hrabiego Monte Christo

Porucznikowi E. Dantesowi poświęcam

Porucznikowi Edmundowi Dantesowi stała się krzywda. Grono kolegów z Danglarsem i Cadeoroussem na czele, do których później przyłączył się Fernando, uznało, że Edmund się nie sprawdza. Wstępnie wystosowano pismo interwencyjne, zwracające uwagę, że jego działalność polityczna godzi w podstawy państwa i ustroju Burbonów. Pismo interwencyjne było dobrze napisane i porucznik Dantes został przesunięty na inne stanowisko. A mianowicie do podziemia zakładu karnego w zamku If wznoszącym się na pięknie położonej wyspie. Wiele zrozumienia dla tej pożytecznej inicjatywy wykazał ówczesny zastępca prokuratora, pan de Villefort. Miał on do wyboru albo prześwietlić sprawę, albo wyciszyć. W pierwszym wypadku ryzykował wpłynięcie następnego pisma interwencyjnego odnośnie kontaktów ojca z Bonapartem. A i jemu samemu mogło się oberwać. W drugim wypadku była jasność. Uznał więc Dantesa za cynicznego wroga ziemi francuskiej, niedobitka rozgromionych i skazanych na zagładę sił, mętną pianę i dwulicowca.

Tego samego dnia zdjęli Dantesa. Co gorsza, zamknęli go z Włochem, do tego opatem. Opat przebywał do wyjaśnienia od dwudziestu lat i trochę mu się już myliło za co. Ale miał schowany szmal.

Prokurator de Villefort był przekonany, że cała sprawa kryje w sobie elementy żartu. Dantes też był pewny swojej niewinności, co — gdyby był człowiekiem wysokiego morale — powinno mu dodać otuchy. Ale nie dodało. Warto wspomnieć, że grono kolegów też nie odcięło się od Dantesa dla głupot. Danglars mianowicie zamierzał zostać kapitanem okrętu, którego dowództwo powierzono Dantesowi. I świadczyłoby bardzo źle o jego znajomości ludzi, gdyby sądził, że Dantes ustąpi mu dobrowolnie. W podobnej, a może jeszcze trudniejszej sytuacji, był Fernando, który zamierzał ożenić się z narzeczoną Dantesa. W odpowiedzi na pismo obaj osiągnęli to, co chcieli, a nawet znacznie więcej.

Niestety, po czternastu latach porucznik wyszedł, to znaczy wyszedł pod nazwiskiem hrabia Monte Christo, wśliznąwszy się do worka na miejsce zmarłego opata Fari, z którym od dawna nawiązał kontakt, także odnośnie szmalu.

Jest rzeczą ciekawą, że Monte Christo zmienił się w więzieniu na niekorzyść, stając się niebezpiecznym demaskatorem. Danglars był już wtedy baronem, czołowym finansistą i bankierem. Fernando — hrabią, generałem, parem Francji i oczywiście mężem jego narzeczonej. De Villefort — królewskim prokuratorem i chodzącą sprawiedliwością.

W tej sytuacji zamiast wyrzec się zakorzenionych w więzieniu pod wpływem opata wilczych przyzwyczajeń i poglądów oraz przystąpić wraz z byłymi kolegami do walki o umocnienie i ulepszenie aparatu państwowego Burbonów i jego pełniejsze zdyscyplinowanie — Monte Christo zaczyna grzebać się w przeszłości i rozpętuje kampanię opluskwiania, powołując się przy tym cynicznie na wolę Boga i inne rekwizyty fideistycznego światopoglądu.

Fernando, obecny hrabia de Morcef, Katalończyk z pochodzenia, istotnie w przeszłości wykazał się pewną inicjatywą i dużymi zdolnościami organizacyjnymi: zdradził Francuzów na rzecz Anglików, potem Hiszpanów na rzecz Francuzów, a następnie Greków na rzecz Turków. Nie był więc skostniałym dogmatykiem i wyszedł na para. Parem był dobrym i argumenty, że trzeba go nauczyć, i to tak nauczyć, aby stało się to ostrzeżeniem dla wszystkich parów, są typowym sypaniem piasku w oczy. Inni byli koledzy również mogli wykazać się skuteczną działalnością. W efekcie Monte Christo się zemścił. Powykańczał wielu zasłużonych ludzi, a sam szczęścia nie zaznał.

Montechristowszczyzna jako styl życia i metoda obchodzenia się z człowiekiem okazała się teorią na wskroś błędną i szkodliwą. Takie przesłanie moralne niesie nam, współczesnym, utwór Aleksandra Dumasa.

Powrót taty

Parę miesięcy po tym, kiedy w dramatycznych okoliczzościach zdołał cudem ujść z życiem i powrócić z Ameryki Krzysztof Kąkolewski — wrócił także szczęśliwie do kraju Bohdan Drozdowski. Ten eseista, poeta, prozaik, dramaturg został w roku 1966, kiedy nie wszystko działo się u nas tak, jak być powinno, zesłany na 4 lata do Londynu na stanowisko wicedyrektora Instytutu Kultury Polskiej. Nieobecność jego, która z punktu widzenia racji stanu polskiej literatury zdawała się zapowiadać katastrofę, zaowocowała sensacyjnie dramatem pt. *Hamlet 70* oraz utworem *Albion od środka. Dziennik tych wysp,* który nawet nieskore do pochwał Wydawnictwo MON zapowiada jako „...książkę, jakiej jeszcze nie było".

Rozpieszczony sytuacją w kraju, rzucony nagle na wrogi teren, zaatakowany zostaje pisarz przez świat high life'u, „który jest jednym wielkim błyszczącym burdelem w posiadaniu hien", narkomanię, strajki i lunche z redaktorem pisma literackiego „Guardian", „który, nawet jeśli jest oksfordczykiem, jest gruboskórnym wandalem", CIA i banki Rotszylda: „jeśli pogrzebać głębiej; zawsze trafi się na banki Rotszylda i CIA". Pozbawiony przy tym naturalnego oparcia o moralną prasę: „gazeta jest (tam — przyp. J.G.) kurwą mającą bardzo złe mniemanie o swoich nabywcach", o moralność w ogóle: „moralność nie jest tu żadną kategorią"; o literaturę o problematyce społecznej, „nie ma literatury o problematyce społecznej, jak nie ma filmów o tej problematyce" — Drozdowski wzorem wielkich XIX-wiecznych pisarzy-zesłańców w o ileż przy tym mniej zdrowych od rześkiego syberyjskiego powietrza warunkach klimatycznych, świadom obowiązków pisarskich, podejmuje pracę.

„...Siedzę przy maszynie i zdycham... I czynię to, wiem przecież, po to, żebyś Ty teraz, siedząc w fotelu z nogami na stoliku, pod lampą stojącą dowiadywał(a) się, czym jest Anglia. Przeze mnie, przez moje wysiedziane nad maszyną godziny, przez moją mękę fizyczną i lęk psychiczny..."

Wplątany absurdalnie w pejzaż rozpadającego się kraju, któremu jako obcy nie jest w stanie dopomóc (zresztą „społeczność burżuazyjna sama się zżera"), potrafi Drozdowski uniknąć gloryfikowania rzeczywistości brytyjskiej a nie przesiąknąwszy równocześnie angielską subkulturą, zachować gwałtowny żarliwy obiektywizm nieliczący się z nikim i z niczym. Drozdowski pisze i zachowuje się jak mężczyzna. Nie okazuje niechęci do autorów decyzji, która zmusiła go do emigracji. Nie brzmią jak wymówka fragmenty: „żona kupiła buciki, które po pierwszym deszczu zgubiły kolor i zelówki". Tylko niekiedy goryczą pobrzmiewają wersety: „Chłopcy (synowie — przyp. J.G.) już cieszyli się bardzo na powrót do Kraju, toteż kiedy musiałem z ciężkim sercem zakomunikować im, że nie chcą mnie stąd wypuścić, popłakali się... Nie przypuszczałem, że mogą to tak silnie odbierać. Bożena znosi to nad wyraz dzielnie, ale już w metro rozpłakała się". Czytałem to z lękiem i współczuciem; przecież nieledwie każdego z piszących mogło to spotkać. Na szczęście czasy te należą do przeszłości.

Tęsknota, poczucie obcości i smutek wypełniają refleksje na temat wyświetlanego w Anglii z okazji rocznicy lądowania w Normandii filmu *Najdłuższy dzień*. Przyzwyczajony do naszej świadomej epiki żali się Drozdowski: „...Jak oni o tym piszą! Sentymentu — jakichś «polskich» uczuć — ani na lekarstwo... Nie ma cienia aluzji do patriotyzmu, owszem, mówią (uczestnicy we wspomnieniach — przyp. J.G.), że nie o ojczyźnie myśleli, ale o sobie, o swoich rodzinach i pożegnaniach, o poległych i rannych kolegach... Tylko wszędzie jest ta ziejąca pustka... nie ma tu nic prócz walki dwóch wojsk... poza tym nie wiadomo w ogóle, o co chodzi...".

Sądy Bohdana Drozdowskiego o tym, co dzieje się na

Wyspach Brytyjskich, są może niekiedy surowe, ale sprawiedliwe. Tak też zapewne przyjmą je w Londynie. Imponuje odwaga, z jaką autor mówi Anglikom prawdę w oczy. Dlatego nie taję, że tak bardzo cieszy mnie powrót Drozdowskiego. Chociaż spotka nas na pewno wiele surowych pytań, doczekamy się gorzkich, ale słusznych słów z kolei tutaj w kraju. Surowego moralisty, autora *Mojej Polski* i *Wigwamu,* nie przestraszą na pewno wizje ponownego zesłania. Zresztą czasy są inne, sytuacja się zmieniła.

Wprawdzie doszły mnie słuchy, że istnieją jeszcze siły, które chciałyby pozbyć się Drozdowskiego — napomyka się o Francji. Literatura nasza zyskałaby *Fedrę,* ale Drozdowski potrzebniejszy jest tutaj. Przy tym nie wolno tego robić jego synom. Płacz dziatek pisarza nie powinien spędzać nam snu z oczu.

Długa była droga Drozdowskiego do kraju i niedobre mu, niepolskie zgotowano przyjęcie. W ramach akcji polowania na klasyków Teatr Ludowy, inspirowany przez reżysera Piaskowskiego, dokonał zamachu na sztukę *Kondukt* — wypaczając jej sens ideowo-artystyczny.

Oby skandalu tego nie wykorzystała zachodnia propaganda, skora do podważania istotnego sensu zachodzących u nas przemian.

Doniesienie z pola walki

Parę dni temu wziąłem udział w dyskusji, która toczyła się wśród kilkudziesięciu poetów-amatorów w sekcji poezji, istniejącej pod mecenatem jednej z instytucji. Tematem sporów był program przygotowywanego przez nich wieczoru poezji. Chciałbym tu z satysfakcją podkreślić, że młodzi adepci literatury nie są sztucznie wyizolowani. Na szczęście nie traktują poezji jako nieszkodliwego hobby, ale doceniając wagę słowa, zamierzają czym prędzej dopomóc profesjonalistom włączyć się w rytm naszego życia i naszej walki, o czym świadczyły zadane mi na boku pytania o wysokość honorariów. (Zresztą niektórzy z nich są już po debiucie w prasie). To klimat dyskusji i polemik prasowych na tematy literatury i kultury wytyczył im kierunek poszukiwań twórczych, z pewnością przyczyniła się do tego także ich mimozowata wrażliwość, niemniej nie widzę powodu, abyśmy z fałszywą skromnością zrezygnowali z przypisania sobie zasług z tego tytułu. Owo zebranie niezawodowych w większości twórców swą żarliwością i wyczuciem powagi sytuacji niewiele ustępowało spotkaniom w pełni już świadomych twórców zawodowych.

Przedmiotem licznych wystąpień był spór o to, czy wiersz wymierzony przeciw złemu stanowi nawierzchni ulicy Opoczyńskiej winien znaleźć się w programie wieczoru, czy nie. Młodziutki poeta o surowej, jakby przez Dunikowskiego wyrzeźbionej twarzy, zaatakował autora *Ulicy Opoczyńskiej* za czarnowidztwo. Po wysłuchaniu takiego wiersza — stwierdził — widownia zmartwi się, a nie o to nam chodzi. Co więcej, sekcja może mieć przykrości. Nie zniechęcając poety do poruszenia tej gorzkiej problematyki, zaproponował, aby robił on to na własny rachunek. Atakowany autor uspokoił go, że przeciwnie, obecnie odwaga jest obowiązkiem, podpaść można za brak odwagi i że on dobrze wie, co pisze. Atletycznie zbudowany poeta w średnim wieku, w zasadzie aprobując formę wiersza, zakwestionował kierunek ataku, mianowicie Społeczny Fundusz Odbudowy Stolicy, który jego zdaniem nie ma nic wspólnego z Opocznem. Dodał on że jego zdaniem przed Opocznem trzeba uporządkować Warszawę, gdzie mieszczą się konsulaty i przyjeżdżają monarchowie. A zawsze sądzi się po stolicy. Anglia na przykład cała jest brudna, a Londyn czysty, stąd utarło się, że Anglia jest czysta. Jeszcze gorzej jest z Italią. Surowa twarz uznała to za niezgodne z prawdą, oświadczając, że co by nie powiedzieć o Anglii, jedno jest pewne: Anglik będzie czysty. Na to autor *Ulicy Opoczyńskiej* zwrócił się do niego z pytaniem, ile dał na Zamek. — Proszę mnie nie straszyć Zamkiem — odpowiedział tamten trochę nerwowo — a pana utwór jest łopatologiczny i pozbawiony metafor.

Autor zaprotestował, przypominając, że w jego utworze ulica porównana jest do kobiety, tyle że brudnej. Atletyczny poeta zaproponował, aby nie obrażać polskich kobiet i porównywać ulicę raczej z czymś z natury czarnym, np. węglem albo Murzynem. Licytowanie się porównaniami przerwał spokojny głos autora kontrowersyjnego poematu, który zadeklamował:

Natenczas Wojski chwycił na taśmie przypięty,
Swój róg bawoli długi, cętkowany, kręty.

Po chwili ogólnego osłupienia zebrani przerwali okrzykami, że nie dadzą się zaskoczyć i że to jest Mickiewicz.

— Właśnie — uśmiechnął się jadowicie autor — proszę mi tu wskazać metaforę. Poeta o surowej twarzy uznał ten atak za chwyt nieczysty. — Nie można atakować kogoś za wyrwany z kontekstu, istotnie niezbyt udany fragment w sumie bardzo pięknej powieści wierszem, w której aż się roi od metafor, i to nie takich odstręczających i ponurych, ale przeciwnie, pięknych. Na przykład „gryka jak śnieg biała". Atakowany autor przerwał mu pytaniem, czy jego zdaniem żyjemy w wolnym kraju. Sala spoważniała, a tamten, trochę tylko pobladłszy, wyszeptał, że nie da się zastraszyć. — To niech pan słucha. Mickiewicz i Słowacki musieli korzystać z metafor, ponieważ kraj był w niewoli. Mickiewicz się bał cara i dlatego, jak chciał go zaatakować, to musiał korzystać z mitologii. Ja żyję w kraju wolnym i praworządnym, dlatego walę prawdę w oczy. Zresztą Mickiewicz i Słowacki też często pisali łopatologicznie. — Tylko nie Słowacki — zaprotestował miniaturowy poeta, zaciągając się przez długą elegancką lufkę z ozdobnie rzeźbionego drzewa, zakończoną petem.

— Mickiewicz tak, ale nie Słowacki. — Większość zebranych udzieliła mu poparcia.

Demaskator porządków na Opoczyńskiej otrząsnął się i ponownie zaatakował, wyrażając zdziwienie, że na sali jest tylu przeciwników poezji zaangażowanej, i zacytował fragment innego wiersza:

Raduje się serce, raduje się dusza,
Gdy Nixon na wiosnę do Moskwy wyrusza...

i zapytał, czy jemu jako poecie wolno jest życzyć sobie, żeby był na świecie pokój, i co się wydaje w jego intencjach niesłuszne. Młodzieniec z ozdobną lufką oświadczył, że on nie pisze wierszy politycznych, bo poezja jest wieloznaczna i za taki wiersz można mieć kłopoty, i dlatego korzysta z symboli. Tu wygłosił krótki poemat. Po wysłuchaniu go autor *Ulicy Opoczyńskiej* oświadczył, że nic nie rozumie, że z tego wiersza wynika jedynie, że pali się jakiś płomyk. Symbolista wyjaśnił, że ten płomyk to w jego pojęciu jest życie, a pisze trudno, żeby czytelnicy mieli rozrywkę i mogli się domyślać. Na zarzut, że nikt się niczego nie domyślił, choćby się nie wiem jak domyślał, odparł z godnością, że jeżeli ktoś jest cyniczny, to się istotnie nie domyśli. Zniechęcony zwolennik poezji zaangażowanej dał wyraz zdziwieniu, że ludziom dają pomniki za metafory, ale on jest bezinteresowny i Słowackim nie będzie. Na co symbolista życzył mu, żeby został chociaż Jerzyną. W wynikłym zamieszaniu oburzony poeta podniósł się, ale po chwili sytuację udało się załagodzić wyjaśnieniem, że Jerzyna jest znanym poetą, a nie czymś obraźliwym. Potem dyskusja wróciła do punktu wyjścia: wstawić do programu *Ulicę Opoczyńską* czy nie. Sytuację skomplikował krótko ostrzyżony poeta w wieku szkolnym, który przyszedł na dyskusję spóźniony, ale powiedział, że przemyślał sobie wiersz w domu i zaatakował autora *Ulicy Opoczyńskiej* za oportunizm. — Na obecnym etapie — oświadczył — pisać się powinno odważniej i konkretniej, atakować nie anonimowy SFOS, ale na końcu postawić pytanie, kto za to odpowiada i wymienić nazwiska. Zdezorientowany poeta oświadczył, że nazwisk nie zna. Z powodu spóźnionej pory dalszy ciąg dyskusji został przeniesiony na następne spotkanie sekcji.

Nazwisk dyskutujących poetów nie wymieniam, aby nie zepsuć ich przedwczesnym sukcesem. Zresztą na pewno o nich usłyszymy.

Wesołych Świąt!

Rozwiązanie konkursu

W grudniu 1972 roku ogłosiłem ludowy konkurs czytel-
niczy. Trudnym zadaniem było odnalezienie w tekście felietonu wplecionych weń haseł i konstatacji, a następnie
stwierdzenie, które z nich są szkodliwe bądź głęboko
szkodliwe, a które słuszne bądź jedynie słuszne. Celem
konkursu była więc nie tyle pusta zgadywanka formalna,
co szansa potwierdzenia swej inteligencji, a nawet więcej:
wyrobienia politycznego, słuszności myślenia i kontaktu
z bieżącą chwilą. Na konkurs wpłynęły 162 odpowiedzi, co
nie jest wiele, gdy weźmie się pod uwagę ogromny rozwój
naszego kraju w dziedzinie czytelnictwa. Ponieważ jednak
nie spodziewałem się żadnej odpowiedzi, więc uzyskałem
świadomość sukcesu wyjątkowo mi potrzebną z braku
konkretnych dowodów.

Szczególnie godna podkreślenia wydaje mi się ogromna
bezinteresowność uczestników konkursu. Główną i, prawdę mówiąc, jedyną nagrodą za słuszne myślenie był skoro-
szyt z esejami teatralnymi Jana Kłossowicza, który szczę-
śliwcowi wręczyć miał osobiście autor. Otóż na 162 uczestników 158 w ogóle zrzekło się nagrody.

Niestety, w pozostałych czterech wypadkach nie obeszło
się bez przykrych incydentów. W dwóch listach propono-
wano, aby jako nagrodę, zamiast wymienionej przeze
mnie, Jerzy Urban wręczał osobiście *Kolekcję Jerzego Kibi-
ca*. Otóż charakter pisma i papier listowy w obu wypadkach wydał mi się uderzająco podobny. Zwróciłem się
w tej sprawie do redaktora Misiornego z „Trybuny Ludu"

i już najprymitywniejsze badanie daktyloskopijne potwierdziło moje najbardziej ponure przypuszczenie. Autorem obu listów okazał się, niestety, Jerzy Urban, który postawił sobie za cel: zdyskredytowanie mojej nagrody zachodnią metodą reklamowania swojej osoby, sobie tylko wiadome mroczne sprawy. Trzeci list był podpisany przez Aleksandra Jackiewicza. Autor informował mnie, że właśnie napisał książkę i bardzo prosi, aby wziąć ją pod uwagę jako przyszłą nagrodę w tego typu konkursach. Krakowski eseista napisał w PS, iż listy podobnej treści wysłał do "Bywalca" z "Polityki" i Andrzeja Dobosza z "Literatury". List 162 był najbardziej zagadkowy. Anonimowy autor oświadczał, iż bierze udział w konkursie wyłącznie w celu zdobycia skoroszytu z esejami Jana Kłossowicza i sugerował, iż bezczelnością jest wykorzystywanie do tak głupawej zabawy wyżej wymienionego nazwiska. Następnie cały list poświęcony był sylwetce i zasługom eseisty teatralnego i kończył się prośbą o. przedrukowanie go w całości.

Przechodząc do omówienia wyników konkursu, pragnę zakomunikować, iż spór o nagrodę jest bezprzedmiotowy, ponieważ nikt z uczestników konkursu nie odpowiedział prawidłowo na wszystkie pytania. Niekiedy odpowiedzi w zadziwiający sposób wymijały się z rzeczywistością. Np. hasło: "Lepiej być bogatym i zdrowym niż biednym i chorym", tylko jeden czytelnik z Warszawy sklasyfikował prawidłowo jako g. szkodliwe. A przecież wydaje się oczywiste, że bogactwo jest pierwszym krokiem do dekadencji, podczas gdy biedni mają ideały, a nas nie stać na brak ideałów. Ale tenże sam, wydawałoby się, uważnie myślący czytelnik zdradza się za chwilę, iż hasło o zamku: "Stać nas na nowy Zamek", skojarzyło mu się z dodatkowym zabezpieczeniem drzwi i pisze z goryczą, że w Szwecji nie ma złodziei, co jest nieprawdą. Byłem tam i w niejasnych okolicznościach straciłem czapkę uszatkę. Nie on jeden zresztą nie zrozumiał moich intencji. Wielu uczestników konkursu dało się uwieść podobieństwu znaczeń rzeczowników zamek i suwak, stwierdzając w dodatku, co już uważam za złośliwość, że na jedno i drugie nas stać. W 120 odpowiedziach uznano za słuszne hasło: "Wróg śpi, bo ma mieszkanie", co jest zdumiewające w sytuacji, gdy wróg nie śpi w ogóle. Wiele kontrowersji wywołała rada: „Prowadzisz po pijanemu, trzymaj się środka szosy". Aż 20 osób napisało, dając się uwieść pozorom, że po pijanemu nie powinno się w ogóle prowadzić. Większość opowiedziała się za normalnym przestrzeganiem przepisów i po pijanemu czy nie po pijanemu trzymaniem się prawej strony szosy, niektórzy doradzali przemykanie się bocznymi drogami. Jedynie dwie osoby odpowiedziały słusznie, że należy się trzymać lewej strony, aby być z daleka widocznym i sygnalizować nadjeżdżającym z przeciwka pojazdom niebezpieczeństwo. Na ogół prawidłowo, jako jedynie słuszne, sklasyfikowano hasło: „Donieś dzisiaj, co miałeś donieść jutro", słusznie łącząc je z hasłem: „Cały naród czeka na współczesną sagę". Natomiast błędnie skomentowano na ogół twierdzenie: „Przebiegłością i pracą ludzie się bogacą w kapitalizmie".

Partykularne złośliwości, że u nas wystarczy sama przebiegłość, przyćmiły główną sprawę, że w kapitalizmie bogaci się jedynie wąskie stado rekinów i to ani przez jedno, ani przez drugie, tylko przy pomocy wyzysku. „Kiś paszę na lato", rzecz, zdawałoby się, niepodważalna, bo w zimie jeść będzie się upasione latem tuczniki, a pieczystemu pasza na nic się nie zda, też wywołała wątpliwości. Ktoś nawet twierdził, że jest to pierwsze zdanie folklorystycznej węgierskiej piosenki. Z ogromną satysfakcją chciałem stwierdzić, iż poza jedną odpowiedzią nieuka brzmiącą: Nie wiem — wszyscy odpowiedzieli prawidłowo na konstatację: „W 1929 roku w Stanach Zjednoczonych wybuchł kryzys". Co więcej, uderzył mnie entuzjastyczny ton odpowiedzi komentujących radośnie celowość przyjacielskiego przestrzegania państw wysoko rozwiniętych przed niebezpiecznymi wahaniami rynku.

Ostatnie hasło: „Przez miłość do bogactwa", znaczna ilość biorących udział w konkursie pań skomentowała nieoczekiwanie jako nawoływanie do kontaktów seksualnych z cudzoziemcami, podczas gdy chodziło, oczywiście, o bogactwo, jakie przynosi bujne życie organizacyjne, intelektualne i uczuciowe w zestawieniu z kompensacyjnie nadrabiającymi te wartości ubogimi moralnie krajami wysoko rozwiniętymi. Co traktowałem jako nawiązanie do pięknego utworu Wiktora Osiatyńskiego *Po upadku Dekalogu*.

Na pozostałe hasła padły prawidłowe odpowiedzi i tym radosnym akcentem chciałbym zakończyć omówienie konkursu i powitać Nowy Rok.

Niewierny Tomasz
(wg docenta Dłubniaka z Instytutu Marksizmu i Leninizmu)

Leszkowi Budreckiemu

Granica między życiem a śmiercią jest niesłychanie płynna. O wielu ludziach sądziło się, że już ich nie ma, a tymczasem sądy te okazały się powierzchowne. Zwłaszcza pewni byli ci, którzy składali ich do grobu, a następnie przydeptywali. Im też najtrudniej było ukryć zdziwienie i rozczarowanie. Słabością dramatów Szekspira jest brak motywu zmartwychwstania. Brak tego, co Nietzsche, a potem Eliade nazywali teorią wiecznego powrotu. To właśnie decyduje o przewadze mitu nad literaturą.

Niewierny Tomasz nie chciał uwierzyć, chociaż już po wskrzeszeniu Łazarza można było łatwo odgadnąć zakończenie. Z tego punktu widzenia zadziwia też brak wyobraźni Kajfasza i Annasza. Tłumaczyć ich może jedynie to, że byli rozżarci. Krzyżowali, krzyżowali, aż się dokrzyżowali.

Wróćmy do Tomasza, który nie pozwalał sobie przetłumaczyć kolegom, że zmartwychwstanie stało się faktem. Bał się Wybawiciela poznać, ale bał się i nie poznać. Ciekawe to — chyba że chodziło mu o coś zupełnie innego. Na przykład miał wątpliwości nie czy, ale na jak długo Wybawiciel zmartwychwstał. I czy on — Tomasz — gdyby mu się co złego przytrafiło, zostałby, czy nie został wskrzeszony. Może też brał pod uwagę wniebowstąpienie, ale nie bardzo liczył, że uda mu się zabrać z całą grupą do góry.

Próbował więc zyskać na czasie, wyczekać, jak do nowej sytuacji ustosunkują się Rzymianie.

Była piękna gwiaździsta noc. Tomasz zadręczał się. Na oko sytuacja nie wyglądała dobrze. Piotr i Jan przycisnęli go wczoraj bardzo mocno. W Kwirynale niemal do rana paliły się światła. Tomasz krążył w pobliżu. Osobiście nie

61

miał nic przeciwko Rzymianom. Lubił ich kulturę, był oczytany, po cichu (pod poduszką) tłumaczył Horacego. W oknach widział jakieś cienie, jak gdyby występujących mówców, gdzieś wysłano lektyki. Jaka szkoda, że nie można naradzić się z Judaszem. Z nim trzymał się zawsze najbliżej. Pochodzili z tych samych stron. Kilkanaście dni przedtem doradzał Judaszowi, żeby się nie spieszył, żeby odczekał. Ale Judasz był w gorącej wodzie kąpany. I co najlepszego z tego wynikło? Wybawiciel wykaraskał się jakoś z tego wszystkiego. A o Judaszu było cicho. Mijały godziny. Przed Kwirynałem zmieniły się warty. Tomasz czuł się niedoinformowany. Oczywiście, można było zamknąć oczy i uwierzyć. Ale Tomasz lubił życie i dlatego uważał, że ma coś do stracenia.

Świtało. Niebo na wschodzie przybierało szafranową barwę, a blask na obłokach różowiał coraz to mocniej i mocniej. Odezwały się pierwsze ptaki. Tomasz czuł rześki chłód poranka. Zerwał się ożywczy wietrzyk, poruszył gałęzie cyprysów, zakołysał palmami i zamarł (ze strachu) w ogrodach prefekta. Zdrzemnął się Tomasz i w tym momencie wypatrzył go Wybawiciel. Zbliżył się do niego i rzekł: Tomaszu, otom jest.

Ocknął się Tomasz i bystre oko utkwił w Wybawicielu: To nie ty. Ciebie podmienili — odparł dwuznacznie.

Na to Wybawiciel okazał mu widome znaki i powiedział: — Dotknij, niestety. W tej sytuacji Tomasz upadł na kolana i uwierzył. Tym bardziej że było wcześnie rano i nikogo w pobliżu nie było. Ale Wybawiciel też to zauważył i sobie zapamiętał.

Tak oto ciasny, płaski empiryzm wpędził Tomasza, szeroko znanego od tej pory jako Niewierny, w sytuację konfliktową czy nawet tragiczną. Ponieważ wiedzieć to jest o wiele za mało. Trzeba wierzyć: żarliwie, ideowo, do końca.

Sen mara, Bóg wiara

Z ogromną ulgą przeczytałem w „Życiu Warszawy" (z 25 września) recenzję profesora Wacława Kubackiego z powieści Konwickiego *Nic albo nic*. To odważna próba oczyszczenia atmosfery w naszym życiu literackim. Artur Sandauer powiedział kiedyś: „Odwaga staniała, rozum podrożał". Nic błędniejszego. Braku rozumu na szczęście nie odczuwamy. A co za dużo, to niezdrowo. W znanej bajce mądrala myślał, myślał, aż go psy zjadły. Za daleko odeszliśmy od odwagi, żeby jej sobie żałować. Zwłaszcza w stosunku do niektórych osób.

Wrośniętego w sprawy polskie autora *Malw na Kaukazie* i *Smutnej Wenecji* słusznie niepokoi i drażni w książce Konwickiego niedowład odwagi, bez której nie złapie się kontaktu z naszą rzeczywistością. „...śnienie w dziele sztuki — pisze profesor Kubacki — podobnie jak jawa, to kwestia założeń ideowych oraz udanej lub chybionej kompozycji". Istotnie, jeśli nie na jawie, to przynajmniej w sennych majakach powinno się umieć dokonać właściwego wyboru. Profesor Kubacki bez trudu przyłapał Konwickiego na fałszach. „Ciągle ktoś go pilnuje — pisze o bohaterze Konwickiego krytyk — chodzi za nim, przygląda mu się badawczo, co chwila musi pokazywać komuś swój dowód osobisty..." Zwykłe poczucie rzeczywistości buntuje się przeciw takim wyssanym z palca urojeniom.

Z drugiej strony, gdyby rzeczywiście Konwicki znał źródła zła albo słyszał o jakichś jego jednostkowych przypadkach, to zamiast pisać parusetstronicową książkę, powinien po prostu interweniować na bieżąco. Człowieka z manią prześladowczą, o ile taki jest, powinno się leczyć, a nie opisywać. A jeśli na leczenie jest za późno, to odizolować. Owszem, były czasy, że pewnych spraw nie można było załatwić, że o innych nie dawało się mówić. Ale obecnie gdyby Konwicki chciał przyjść gdzieś z czymś konkretnym i zakomunikować, na pewno nie miałby żadnych trudności. A jeśli nie ma żadnych dojść, to mógłby zwrócić się po prostu do profesora Kubackiego — jestem pewien, że ten nie odesłałby go z niczym. Jeżeli ktoś uważa się za chwiejącą, myślącą trzcinę, to można i trzeba pomóc mu się wyprostować.

To wszystko są sprawy codzienne, praktyczne. Natomiast ze sztuką rzecz jest poważniejsza. Jej kontakt z rzeczywistością musi być ideowy, taki, jaki jest w całej twórczości profesora Kubackiego. Inaczej go nie ma i nie będzie. Konwicki albo nie chce, albo nie umie patrzeć. Zamiast tego ma przywidzenia. Ileż piękna potrafi dostrzec profesor Kubacki w takiej choćby Wenecji, i to w starych przedmiotach. A Konwicki, jak jest u nas nad morzem, to widzi piach i druty. A Starówka gdańska? A choćby port w Kołobrzegu? W pozytywniejszym choćby świecie obraca się bohater profesora Kubackiego: „Wychodząc, przemykał się pośród wonnych koniaków, korzennych zapachów vermuthu i upajającego aromatu kawy. Wreszcie znowu jasny, wesoły, boży świat". Oto cytat ze *Smutnej Wenecji*.

Profesora Kubackiego słusznie oburza fakt, że Konwicki pomija „...normalne, konkretne życie odbudowanego państwa: znój rolników, górników i robotników, wysiłek nauczycieli, wychowawców i pielęgniarek, codzienny trud piekarzy, szewców i monterów, pracę lekarza, inżyniera-wynalazcy i budowniczego". Istotnie Konwicki ostentacyjnie dobiera sny pozbawione przedstawicieli wymienionych zawodów. Tu zresztą można by postawić prof. Kubackiemu pewien zarzut: nie bardzo tłumaczy się pominięcie przez niego trudu tramwajarzy, ciągaczy drutu, stoczniowców i odlewników. Nie miejsce tu, by zagłębiać się w te znamienne niekiedy przemilczenia, zresztą na pewno warto, aby gdzieś ktoś trud ten podjął. Natomiast obiema rękami podpisuję się pod postawionym przez prof. Kubackiego zarzutem, że „Bohater (omawianej powieści — przyp. J.G.) nie posiada woli ani hamulców. Powtarzają się

64

akty płciowe, brak jednak namiętności". Musi to oburzać Kubackiego, który całą swoją twórczością broni prawa do namiętności bez aktów płciowych. „Tadeusz ujął dłoń Zanze. Delikatnie dotknął cienkich palców, które niedawno, jakby w jego zastępstwie, symbolicznie i poetycko, gołąb zaślubił na Piazzy koralową obrączką zaciśniętych łapek" (*Smutna Wenecja*). Odpowiednie cytaty z książki Konwickiego nielojalnie byłoby przytaczać. Postawa prof. Kubackiego wynika ze słusznego przeświadczenia, iż nie bohaterowie powinni kopulować w powieściach, ale czytelnicy po ukończeniu lektury. Wyznam, że bardziej odpowiada mi takie pojmowanie społecznej funkcji literatury i jej służebnej roli w życiu narodu.

Kamień i rzemień

Słowo wyleci kamieniem,
a wróci rzemieniem na szyję.
(mądrość ludu tanguckiego — Si-Sia)

Ludzie dzielą się na odpowiedzialnych i nieodpowiedzialnych. A zwłaszcza na odpowiedzialnych i nieodpowiedzialnych za słowo. Nieodpowiedzialny był Kaligula, który mówił, że gdyby senat miał jedną głowę, toby mu ją ściął. A w świetle nauk przyrodniczych senat jednej głowy nie ma. Odpowiedzialny był Pizarro, który wskazując w XVI wieku na Cuzco, stolicę Inków, krzyknął do żołnierzy: „Dzieci, tam czeka szmal!". I szmal czekał. Nieodpowiedzialny za słowo był Homer, bo Homera raczej nie było. Odpowiedzialny za słowo był Szymon Słupnik, bo stał na słupie i nic nie mówił. A że słup był wysoki, to nawet gdyby mówił, nikt by nie słyszał. Na tym polega podwójna odpowiedzialność Szymona Słupnika. Ludzie, jako się rzekło, są nieodpowiedzialni, odpowiedzialni i odpowiedzialniejsi. Najodpowiedzialniejszym z odpowiedzialniejszych był cesarz Czeng z dynastii Tsin. Wyrastał on w trudnych czasach: sam był bardzo mały, a Chin w ogóle nie było. Pierwszego cesarza Chin ukształtowała myśl kanclerza Li Sy, ucznia Lu Pu-weia, kupca bławatnego ze Wschodu, ucznia Han Feia, ucznia Kung-sun-janga, zwanego Wei Jangiem, doradcy księcia Fiao. Kung-sun-jang był fa-kia. Fa-kia zwalczali niezłomnie reakcyjną szkołę Mo Ti. Fa-kia ujmowali dialektyczną istotę dziejów w całej jej złożoności: „Głupi nie pojmuje sprawy, którą zakończono, a mądry rozumie ją, zanim się jeszcze rozpoczęła". Myśl ta utraciła już swą aktualność, ale nie do końca. Fa-kia odznaczali się dużym, nawet jak na tamte czasy (361 r. przed naszą erą), radykalizmem, a nawet jakobinizmem społecznym, może i przesadzonym, ale właściwie nie. Fa-kia uważali: „My, fa-kia, jesteśmy po to, aby sprawy rozstrzygać, a nie wdawać się w akademicką i jałową paplaninę, szukanie dziury w całym i całego w dziurze, rozszczepianie włosów, dzielenie skóry na żywym". Nazywali to wróżeniem z fusów, z krwawnika, a także szlakiem (Tao) świńskiej głowy i zdechłego szczura. Cesarz Czeng nie szukał całego w dziurze, ale dużo myślał o historii. Między innymi myślał krytycznie. Martwił się przemijaniem wartości, bo sam był wartością najwyższą i, co tu obwijać w bawełnę, jedyną. Wszystkie inne wartości były wartościami pochodnymi, i o tyle, o ile. A skoro o tyle, o ile, to dialektycznie. Zapośredniczeniem wartości najwyższej byli wszyscy urzędnicy, i tylko urzędnicy, gdyż ich wartość najwyższa na urząd powołała. Urzędnicy byli różni: mądrzy, żonaci, łysi, wysocy i blondyni (chociaż w zasadzie byli brunetami). Jako zapośredniczenie wartości byli wartościowi. Chociaż sami w sobie mogli być kontrowersyjni.

W dalszej perspektywie cesarza niepokoiło, czy to, czego już słusznie nie ma, jednak czasem aby nie jest, i to w sposób podstępny. Niepokoiło go również rozbieganie myślowe poddanych, nad których świadomością pastwili się zwierzęco altruiści spod znaku Mo Ti czy inni konfucjaniści, którzy zasłaniając się cytatami sprzed wielu, wielu lat, 40, a może i więcej — przyganiali nieodpowiedzialnie nowemu, które szło. Stąd cesarzowi narzucił się pewien pomysł, dosyć nawet świeży. W 213 roku p.n.e. wydał swój popularny edykt o spaleniu wszystkich ksiąg. Jako centrysta, kazał zachować księgi o wróżeniu ze skorup żółwia oraz o hodowli drzew, ponieważ drzewa były podstawą naturalnej gospodarki (służyły do produkcji włóczni, katapult, pali do karania i różnych takich). Akcję tę prowadził nowoczesnymi metodami, nie znosił bowiem wszelkiej kampanijności. Konfucjaniści wykazali mało zrozumienia dla tej inicjatywy i w swym awanturnictwie posuwali się do tego, że siadali całymi rodzinami na księgach i nie chcieli wstać. A cesarz Czeng, jak coś powiedział, to było odpowiedzialne. Wywiązywał się on z powierzonych mu przez historię zadań, i to lepiej nawet, niż tego historia wymagała.

W związku z tym, że konfucjaniści ciągle nie wstawali, w 212 roku p.n.e. 460 najbardziej upartych zajęło się od ksiąg i mimo szybkiej pomocy cesarza — spłonęło. Dało to powód do licznych nieodpowiedzialnych potwarzy i oszczerstw ze strony tych, którzy z wrodzonym sobie tchórzostwem zdążyli wskoczyć do rzeki. Rzecz znamienna, na brak ksiąg i ofiar nieszczęśliwego wypadku za panowania Czenga nikt werbalnie nie narzekał. Chociaż niektórzy narzekali na migi. Cesarz Czeng strzegł jak źrenicy oka pryncypialnej odpowiedzialności za słowo, ale nie za migi. Tak więc tych, co narzekali na migi, cesarz Czeng nie ukarał, kazał ich nawet zebrać razem, aby w ten sposób uchronić ich przed gniewem ludu. Miejsce, w którym ich zebrał, nazwano Dołami Czenga, osadzonych zaś tam — zadołowanymi.

W roku 211 p.n.e. cesarz Czeng wizytował doły swojego imienia i nie był zadowolony. Mieszkańcy dołów ani nie mówili, ani nie migali. Cesarz Czeng zadał wówczas wiekopomne pytanie: „Przeciw komu milczą ci frustraci?". Bo człowiek odpowiada za to, co powiedział, i za to, czego nie powiedział. Za to, co zrobił i czego nie zrobił. Człowiek w ogólności odpowiada. W szczególności odpowiadać nie lubi. Więc trzeba mu stworzyć warunki, żeby zaczął odpowiadać. Bo jak już zacznie, to nie może skończyć. Od tego momentu człowiek syntetyzuje się w człowieka odpowiedzialnego, wyzwalając w sobie człowieka niewyalienowanego, czyli prościej, człowieka w człowieku.

Głęboka treść w mistrzowskiej formie

„*Pieśń o Rolandzie* jest wielkim eposem narodowym, w którym genialny poeta z głębi swego entuzjastycznego wyczucia zbiorowości wcielił pełnię samowiedzy narodu" — pisze Zygmunt Czerny w pięknym wstępie do wydanych w PIW-ie *Arcydzieł francuskiego średniowiecza*, po czym dodaje, że właściwie w całej światowej literaturze poza grecką nie ma utworu, którego siła przetrwałaby tak długo. Sukces anonimowego autora realisty byłby dowodem na celowość uprawiania sztuki. Poemat jest rzeczywiście bardzo piękny, ale w ogóle rzecz jest nieco bardziej skomplikowana.

Jak wiadomo, jądrem poematu jest historia wyprawy Karola Wielkiego do Hiszpanii w roku 778. Kiedy po skutecznym złupieniu i wyburzeniu całego kraju wojska słodkiej Francji utknęły pod Saragossą, daleko na wschodzie doszli do siebie obrabowani parę lat wcześniej Sasi i Karol musiał dość gwałtownie wracać. Ale w Pirenejach nie w pełni usatysfakcjonowani Saraceni połączyli siły z Baskami, napadli na tylną straż Karola, wyrżnęli ją w całości, odbijając tabory z olbrzymimi zdobyczami hiszpańskimi. Karol Wielki nie tylko nie był w stanie wrócić w sprawie łupów i zemsty, ale w ogóle z najwyższym trudem dotarł do rodzinnego kraju. Klęska była zupełna. Niestety, trzeba było coś o tym podać do literatury. Można było oczywiście zrobić zastrzeżenie do tej sprawy albo konwencjonalnie potraktować ją jako wielkie zwycięstwo. Takie zresztą stanowisko samorzutnie zajęli świadomi historycy. Ale ocaleni kombatanci obchodzili triumf trochę blado, a co gorsza, zaczynali pokątnie chlapać, jak było naprawdę. Oczywiście, można ich było zneutralizować, ale armia tak się po owym zwycięstwie skurczyła, że przezorniej było poszukać czegoś ekstra niż stosować zwyczajne zabiegi twórcze. I oto jesteśmy u źródła narodzin wielkości poematu. Brat prefekta Marchii Bretańskiej, z którym sam Karol konsultował się w sprawach propagandy, oszołomił monarchę pomysłem, aby napisać, jak było naprawdę. Przyznać się do klęski, oddając przy okazji hołd zabitym, podkreślając męstwo i bezgraniczną lojalność wasali, a z jednego robiąc w ogóle symbol. Po czym zaimprowizował od razu: „Roland umarł; Bóg ma jego duszę w niebie... Boże — rzecze król — wielce mi trzeba rozpaczać! Szarpie brodę jak człowiek zdjęty niepokojem; baronowie, rycerze płaczą...".

Karolowi nie spodobał się ten niepokój w ostatnim zdaniu i w ogóle, żeby się tak przyznawać do klęski, czy to jest etyczne... Jeszcze żeby Roland został zdradzony, co by nawet było lepsze ze względów artystycznych, bo taki zdrajca i wiarołomca korzystnie by podbijał szlachetność pozostałych diuków. Brat prefekta zgodził się z tym, powiększył siły Saracenów do 300 tysięcy, zmniejszył siły Rolanda do 20 tysięcy — uruchomił zdrajcę Ganelona — i już pisał: „Toż zdrajcy sam kwiat słodkiej Francji mi wybili". Karol zamyślił się i zaczął mówić z akcentem prowansalskim, co zawsze było u niego dowodem wzruszenia: „Ładne to, ładne, ale takie, wiecie, baronie, smutne".

Inny literat już dawno by się zniechęcił, ale brat prefekta Marchii Bretańskiej tak zapalił się do pomysłu, że zaproponował, aby dopisać, iż Karol wraca i wyrzyna całą armię Saracenów, a widząc, że monarcha poweselał, dorzucił drugą armię dowodzoną przez emira z Bagdadu:

— Idę na to — zadecydował monarcha i już zupełnie prywatnie poprosił barona, aby zechciał wziąć pod uwagę złożoność sytuacji i głęboką treść przedstawił w możliwie mistrzowskiej formie.

I tu narodziła się po raz drugi wielkość poematu. Bo oto w kilkadziesiąt lat później wodzowie Karola, wprawdzie już bez niego, wrócili do Hiszpanii i spacyfikowali ją już skutecznie do końca, zakładając na tych terenach Marchię Hiszpańską.

I na tym właśnie polega mobilizujące piękno *Pieśni*

o Rolandzie. Historię też trzeba po prostu prowokować. A donoszę o tym nie w związku, jak z pewnością sugerować będą ludzie mi wrodzy, z przyznaniem dorocznych nagród w dziedzinie literatury, teatru i filmu, ale dedykuję ten tekst młodym twórcom, tym wszystkim, którzy dopiero zaczynają, ludziom małej wiary i wyobraźni. Pragnę dodać, że wśród językoznawców długo toczyły się spory, czy *Pieśń o Rolandzie* nie jest utworem lepszym nawet niż *Słowo o pułku Igora*.

Karol Wielki albo o lojalności

Wracając do *Pieśni o Rolandzie*, nietrudno spostrzec, że w państwie Karola Wielkiego bardzo wiele mówiło się o lojalności. Jeśli o lojalności mówi się zbyt wiele, to znaczy, że nie jest z nią najlepiej. Słabostką Karola Wielkiego było, aby wszyscy wiedzieli, że lud i rycerstwo go uwielbia. Wielokrotnie apelował w tej sprawie do pieśni rycerskich i innych ludowych środków przekazu. Spontaniczność dowodów wierności została tak dobrze zorganizowana, że istotnie zaczęła w nią wierzyć większa część rycerstwa, ale — co gorsza — zaczął w nią wierzyć sam król. Brat Prefekta Marchii Bretańskiej widząc, że w miarę lektur władca traci dystans, odbył z nim szczerą rozmowę. Został wkrótce potem wysłany do znanej z wilgotnego klimatu, podbitej ostatnio Karentanii, aby tam gromadził dowody popularności króla. W rezultacie tego egzaltowania się lojalnością Karol stracił pół wojska, bo jeden z baronów okazał się za mało lojalny, a drugi lojalny nie do wytrzymania. Notabene zdrada Ganelona (o ile w ogóle miała miejsce) nie byłaby nawet takim nieszczęściem militarnym, gdyby nie zbiegła się z aberracyjną lojalnością Rolanda. Diuk ten potraktował wszystkie brednie wypisywane przez zespół Brata Prefekta Marchii Bretańskiej serio, napadnięty nie wzywał pomocy i pozwolił się w podniosłym nastroju wyrżnąć wraz z całym wojskiem, co jest oczywistym dowodem na pewne minusy wychowania przez sztukę.

Oczywista, nietrudno dzisiaj, z perspektywy naszego czasu, spostrzegać błędy i tak bardzo operatywnego jak na VIII wiek władcy. Ale przecież lojalność wyższa, polegająca na żarliwym trzymaniu się razem, czego szczytowym osiągnięciem jest system, który wizjoner grecki zamknął aluzyjnie w dziele sztuki pt. *Grupa Laokoona*, nie narodziła się z dnia na dzień. Na krajobraz dookoła grupy kładą się cieniem nieudane próby i bolesne błędy. Jest wśród nich i błąd Karola Wielkiego, który przestał kontrolować rzeczywistość. Z mroków historii dochodzą jeszcze okrzyki wyprzedzającego swój czas Brata Prefekta Marchii Bretańskiej, który w czasie pamiętnej narady aktywu hrabiów wołał już z kulbaki: — Nie wysyłaj samego Ganelona na rokowania do Saracenów. Niech jedzie tam pełny skład rady baronów. — Ale monarcha świstnął tylko przyspieszając odjazd Brata Prefekta. A przecież, gdyby Ganelon był cały czas pod obserwacją, do zdrady by nie doszło. Podobnie zresztą Roland nie miałby okazji arcylojalnie unicestwić się razem z całą strażą tylną, gdyby wojsko jechało uszykowane w kupę, a Karola otaczali wszyscy zastępcy.

Nie osądzajmy jednak Karola zbyt surowo. Trzeba umieć dopatrzyć się w jego mylnych decyzjach głębszego sensu. Historia nie na próżno nazywana jest magistra vitae.

Czyż nasza spokojna pewność siebie nie jest wynikiem przenikliwej analizy klęsk monarchy?

Niektórzy lubią to na gorąco

Komedie Szekspira — bo nimi to przyjdzie mi się zająć tym razem — wydają mi się w sumie pogodniejsze od tragedii. Ale szekspirowski śmiech daleko odbiega od owego wesołego, wyzwalającego śmiechu, który pozwala ludziom zapomnieć o ewentualnych niedoskonałościach naszego życia, niesnaskach rodzinnych czy wreszcie pracy w trudnych niekiedy warunkach. Jest to śmiech wyrachowany, ironiczny, czasem wprost zgryźliwy.

Sen nocy letniej, z którym przyjechał do Warszawy Peter Brook i jego angielski teatr, jest pozornie komedią o miłości, snach, marzeniach, królach, elfach i innych, w istocie jednak utwór ten ma nader współczesne odniesienia. Nie będę taił, iż z niesmakiem przyjąłem wyszydzanie amatorskiego ruchu artystycznego, naigrawanie się z prostych, bezbronnych samouków, którzy w trudzie i z ogromnym poświęceniem, nic z teatru nie rozumiejąc, przygotowują jednakże przedstawienia, tworzą autentyczną ludową kulturę z czystej miłości do sztuki, przy okazji pragnąc także coś zarobić. Nie można potępiać wszystkiego, czego się nie lubi albo nie rozumie. Nie chcę wymieniać nazwisk genialnych ludowych samouków, takich jak Celnik Rousseau, Nikifor, Dostojewski albo Pirosmaniszwili. Dość wspomnieć o sukcesach zespołu „Mazowsze" w Monachium, który, mimo że nie jest amatorski, był obok formacji Czarny Wrzesień największą sensacją ostatniej olimpiady właśnie dzięki odwołaniu się do tradycji tych co potrzeba.

Nie chciałbym zostać źle zrozumiany, jestem niepoprawnym liberałem i dlatego nie uważam, abyśmy byli w stanie zapobiec przyjazdowi angielskiego teatru z wymienioną sztuką, ale na pewno można było zmniejszyć ilość przedstawień z trzech do jednego, tak, by nie zobaczyły go szerokie masy miłośników amatorskiej sztuki i samorodków. Jeśli już jednak zdecydowano się na trzy spektakle, można było przecież zasugerować Brookowi pewne zmiany, nieznaczne przesunięcia akcentów z gimnastycznych popisów wysługującego się Oberonowi Puka na przeczucie choćby dojrzewającego wśród naiwnych ludowców niezadowolenia. Zresztą Szekspir sam wpada tu w podobną pułapkę jak Ernest Bryll w sztuce *Na szkle malowane*, w której postawił sobie za zadanie ośmieszenie Janosika, a tymczasem publiczność oklaskuje wyczyny dzielnego górala. Tu także większość widowni była po stronie zamęczanych rzemieślników, którym w dodatku imputuje się rozmyślnie uprawianie stosunków seksualnych. Bo nigdy nie będzie sztuki tam, gdzie nie ma prawdziwej miłości do sztuki. Stąd moralna przewaga spontaniczników nad pozornie świadomym, lecz wypalonym wewnętrznie, scyniczniałym dworskim ceremoniałem.

Tego podwójnego dna nie potrafił zamaskować Peter Brook cyrkowymi popisami i wirtuozerią formalną zachodnich zawodowców. Mimo bowiem tego perfekcjonizmu, a może właśnie z jego powodu, teatr na Zachodzie przeżywa obecnie głęboki kryzys. Najlepszym tego dowodem było obsadzenie jednej pary aktorów w czterech rolach, co usiłowano usprawiedliwić koncepcją reżyserską. Nie rozwijając tego tematu, wspomnę tylko, że u nas rzesze bezrobotnych wykonawców nie wystają pod teatrami, lecz przeciwnie, każdy może wygrać się do woli.

Dobrym tego przykładem jest przedstawienie — też Szekspirowskiej komedii *Jak wam się podoba*, w reżyserii Krystyny Meissner, na scenie warszawskiego Teatru Polskiego, oglądanej masowo przez pododdziały wojska, młodzież szkolną i wybranych szczęśliwców z zakładów pracy. Otóż świadome zwalnianie tempa akcji, pozbawianie sytuacji niepotrzebnej śmieszności, szanowanie tekstu — w odróżnieniu od stratfordczyków, którzy chcieli go przelecieć jak najszybciej, aby zdążyć zaopatrzyć się w naszych komisach, więc mówili w każdej pozycji, a nawet śpiewali — skutecznie odwróciło uwagę widzów od sceny.

Umożliwiło im za to rozwinięcie ożywionego życia towarzyskiego na widowni. Podczas przedstawienia dwie osoby za moimi plecami sfinalizowały zamianę mieszkań, obsadzono stanowisko kierownika magazynu, skomentowano wyniki ostatnich ćwiczeń na strzelnicy, ktoś nawet wyraził słuszną nieufność w stosunku do pewnych posunięć amerykańskiej polityki zagranicznej. Ten nawrót do obyczajów antycznych — kiedy to na widowni jedzono i weselono się, nie zatracając w zasadzie kontaktu ze sztuką — od lat z godną podziwu konsekwencją uprawia Teatr Polski. Koncepcja ta wymaga jednak rozbudowy zaplecza aprowizacyjnego, wprowadzenia większej różnorodności potraw i płynów (koniecznie coś na gorąco) i niewygaszania świateł na widowni. Oczywiście znacznie prostsze byłoby zrezygnowanie z wystawiania komedii dawno zmarłego pisarza, ale znając snobizmy naszych inscenizatorów, nie możemy na to liczyć. Chyba że nam ktoś pomoże.

Koniec pseudotradycji

Adam Hanuszkiewicz pokazał w Teatrze Małym dzieło pt. *Dziadów część III.* To samo, co je nasz współrodak Adam Mickiewicz napisał, a jakby i dużo więcej.

Może tylko z początku, po pierwszym występie chóru z bukietem przyśpiewek, aktorzy w celi cokolwiek stracili orientację, gdzie są i jak mają przedstawiać gołe słowo. Ale zaraz Krzysztof Kolberger ma piękną solówkę z towarzyszeniem chóru więźniów i dalej już bardzo dobrze recytuje wiersze pod akompaniament zapudłowanych. Ci ostatni, niby pilnowani, mają przez cały czas przedstawienia dużą aktywność, a pod koniec z nieprzypadkowym nachalstwem wkręcają się na przyjęcie u senatora.

Bardzo dobrym chwytem jest powieszenie Kolbergera. Następnie podciągnięcie go na szelkach pod sam sufit w scenie egzorcyzmów przez przebraną na czarno obsługę. Dopiero ten ciekawy element na długo ożywia salę, która roztrząsała, czy rozhuśtany wysoko artysta przyłoży głową w kandelabr i czy kandelabr to wytrzyma. Te nadzwyczaj ciekawe dociekania nad zagadką bytu, znaczy się, czy kandelabr to nasza prawdziwa rzeczywistość, czy artystyczna atrapa, wniosło ożywcze tchnienie i napięcie. Wcale przez to nie chcę powiedzieć, że tchnienie to nie jednoczyło nas integracyjnie w poprzednich i następnych kawałkach.

Bardzo się także podobało posunięcie, jakim była jednoczesna emisja *Widzenia księdza Piotra* oraz *Snu senatora*, czyli tak zwane zagłuszanie. Sam chwyt jest nienowy, ale dobrze dobrany, gdyż łączy niedaleką tradycję z duchem postępu — tu się dobrze pamięta, co wieszcz mówi w znanym porzekadle o Arce Przymierza. Jak się weźmie z tego przykład, będzie można dać widzowi zupełny przegląd myśli romantycznej i za jednym zamachem odegrać na tej samej scenie *Kordiana, Nieboską, Noc listopadową* i parę sztuk chociażby Jerzego Przeździeckiego.

W całym przedstawieniu, o czym zresztą już wspomniałem, bardzo pięknie ustawiona jest cała strona muzyczna. Melodie są przyjemne, niejednemu wpadną w ucho i znajdą odzew na mieście. Już następnego wieczoru natknąłem się na takich, co szli do SPATiF-u z arią Regestratora ...*Ale tu znajdziem parę dam* na ustach.

Można by jeszcze dużo pisać, ale najlepiej samemu się wybrać. Na zakończenie jeden ciekawy chwyt, który jest bliżej początku. Kolberger namalował pędzlem na ścianie jakiś napis, który o ile na świeżo niewidoczny, to pod koniec dawał się przeczytać. Przez całe przedstawienie zagadka dawała widzom napięcie. Litery wyskakiwały, jak chciały, lewa strona myślała, że to jakieś hasła, a prawa, że może słowa podziękowania. Nie powiem, co się w końcu pokazało, bo po co zdradzać zakończenie.

Na koniec muszę dorzucić, że na naszych oczach mamy koniec pseudotradycji. Nie taka to znowu ponura tragedia, jak się niektórym wydawało.

Strzeż się ciąży, lokis krąży

Od dawna chciałem napisać o jakimś filmie. *Lokis* pasuje mi najbardziej, ponieważ jest ogólnie chwalony, nie obraża Żmudzi i do tej pory nikt nie odczytał w nim żadnych aluzji do współczesności (czemu się prywatnie dziwię, bo jest tam taka jedna scena...). Jeżeli ktoś odczyta, to od wszystkiego, co tu piszę, natychmiast się odcinam i z grupy chwalącej artystę będę łagodnie ewoluował w stronę grupy pościgowej.

Reżyser Janusz Majewski już w pierwszym swym filmie dał się poznać jako reżyser bardzo kulturalny. Jego drugi film był jeszcze o wiele bardziej kulturalny od pierwszego, co z dumą podnosiliśmy w prasie, ciesząc się, że mamy takiego wśród nas. W tej sytuacji Majewski skupił się i oto *Lokis* bije w ogóle wszelkie możliwe rekordy kulturalności. I w kategorii filmów kulturalnych wydaje się być dziełem absolutnie nie do prześcignięcia.

Film oglądałem z rosnącym uznaniem i wyszedłem zafascynowany zamysłem reżysera, który nie poddał się tak modnej obecnie w kinie, zwłaszcza oczywiście zachodnim, tendencji do zainteresowania widza akcją, bohaterami i w ogóle tym, co się dzieje na ekranie. Trud Janusza Majewskiego jest tym bardziej godny uznania, że do swego twórczego zabiegu wybrał wyjątkowo niewdzięczny teren — ukulturalnia on mianowicie film grozy i fantastyki, gdzie szczególnie łatwo jest ulec pokusie i ześlizgnąć się na manowce, przestraszyć, zaskoczyć albo zabawić. Wielu zachodnich mistrzów, takich jak Hitchcock, Clouzot czy Polański, wywróciło się na tym, robiąc filmy w sposób płytki, prymitywnie epatujący widza. Można sobie powiedzieć, że zmagania Janusza Majewskiego uwieńczył pełny sukces. Reżyser zwycięsko zwalczył literacki pierwowzór Mériméego, który wpadł na iroczno-makabryczny pomysł przedstawienia dziejów potomka brunatnego niedźwiedzia-odchyleńca, wyżywającego się erotycznie na hrabinie Szemiotowej, przy jej, jak należy przypuszczać, niepełnej akceptacji.

Oczywista, reżyser odrzucił pomysł ukazania wspomnianego wydarzenia na ekranie, ponieważ słusznie wydawało mu się to chwytem zbyt tanim, zbyt narzucającym się, mogącym odciągnąć uwagę widowni od spraw zasadniczych, zamiast tego prymitywnego grania na najniższych instynktach, poinstruowany przez reżysera Gustaw Lutkiewicz wprowadza nas w piękny, kolorowy świat szkiców Franciszka Starowieyskiego na ten temat, które aktor kolejno podsuwa pod kamerę, opatrując je epickim komentarzem.

Wyzbywszy się wszelkich obciążeń, skoncentrował przeto Janusz Majewski swoje zainteresowanie na przedstawieniu istotnie rzadko ukazywanego w kinie powszedniego dnia na Żmudzi w wieku XIX, wypełniając w ten sposób dotkliwą lukę w historii kina światowego. Dzięki temu otrzymaliśmy film piękny i bardzo żmudzki.

Iroczno-fantastyczna opowieść Mériméego, z pewnymi zaledwie śladami pogłębienia tematu, słusznie wydała się Majewskiemu zbyt mało kulturalna. W pogłębionym szkicu na temat swego filmu pisze reżyser: „Chłodna analiza tekstu ujawnia dość powierzchowny i jakby lekkomyślny stosunek pisarza do podjętego tematu". Nie ukrywając rozczarowania w stosunku do utworu Mériméego, Majewski nie odmówił jednak pisarzowi możliwości zrehabilitowania się myślowego poprzez filmową wersję jego opowiadania. Dzięki temu otrzymujemy na ekranie obraz smutnej doli przedstawiciela mniejszości etnicznej półniedźwiedzi w żmudzkim dworku, obraz powolny i mający wysoką rangę kulturalną. Nasz mieszaniec zaszczuwany jest przez lekarza-sadystę i ignorowany przez zakłamanego pastora. I tu Janusz Majewski był o krok od potknięcia, gdyż sytuacja ta mimo wszystko sugeruje pewne niebezpieczeństwo akcji, bo wokół niedźwiedzia nie-niedźwiedzia tworzy się niemal infernalny krąg. Na szczęście reżyser i tu uniknął pułapki, nie wyciągając z sytuacji żadnych konsekwencji dramaturgicznych, zastępując sferę działania dwoma końcowymi monologami, w których aktorzy wyjaśniają, o co chodziło granym przez nich postaciom, oraz artykułem w miesięczniku „Kino" (nr 9, str. 11–17), do którego odsyłam wszystkich zainteresowanych.

Nie chcę już mnożyć komplementów na temat filmu, ale nie sposób nie wspomnieć o interesującym zabiegu, jakim było usunięcie z filmu elementów erotycznych poprzez skuteczne usuwanie z ekranu Małgorzaty Braunek i wyeliminowanie scen z niedźwiedziem, przy których propozycje rzekomo wyrafinowanych Skandynawów budzić by mogły jedynie politowanie.

Doceniając wysiłek twórczy reżysera Janusza Majewskiego, nie sądzę, aby udało mu się osiągnąć tak pełny efekt kulturalny, gdyby nie współpraca świadomego zespołu — operatora Stefana Matyjaszkiewicza, odcinającego się „od tanich efektów wyrażających napięcie. Jest to bowiem tandeta, łatwizna już przebrzmiała", oraz aktorów, a zwłaszcza Józefa Duryasza, z nieporównanym taktem i kulturą grającego stylowego żmudzkiego zwierzo-człeka; zapisze się on z pewnością w pamięci widzów jako niezapomniany odtwórca najmodniejszego w XIX wieku na Żmudzi ludowego tańca „rusałka". Najmniej świadomie zachowywał się Edmund Fetting, który przyzwyczajony do tradycyjnego kina, nadawał swojej twarzy wyraz przerażający, strasząc nas indywidualnie i bez pokrycia. Było to tym ciekawsze, że Fetting grał narratora, opowiadającego o zdarzeniach, których był świadkiem, i to właśnie on powinien być straszony, a nie straszyć.

Doskonale rozumiem, że Janusz Majewski nie wierzy w lokisa i nie boi się lokisa. Ale to nie sztuka, bo nie wydaje mi się, aby reprezentował on typ urody, który mógłby zainteresować żmudzkiego niedźwiedzia. Wszystkie panie natomiast chciałbym przestrzec przed przesadnym rozczulaniem się, gdy zobaczą gentlemana, który wygląda nawet przyzwoicie, ale ma kły, pazury i jest kudłaty, ponieważ doprowadzić to może do powstania nowego filmu.

Pochwała Poręby

Do ponownego pisania o filmie przystępuję z tym większą tremą, że doszły mnie słuchy, jakoby mój tekst o filmie *Lokis*, pomyślany jako panegiryk, interpretowny był przez niektórych czytelników jako niewybredny atak na reżysera. Mam nadzieję, że uda mi się uniknąć podobnych nieporozumień przy omawianiu kolejnego filmu, który wytrącił mnie z obojętności. Myślę tu oczywiście o *Prawdzie w oczy* Bohdana Poręby. Reżyser ten, po słusznie nagrodzonym interesującym formalnie serialu telewizyjnym *Gniewko syn rybaka*, dyskontuje obecnie z powodzeniem zdobyty u widzów kredyt zaufania. Zastrzegam się, że opinia moja stanowić będzie jedynie niekompetentne felietonowe impresje, nieroszczące sobie prawa do autorytatywnego osądu profesjonalnej eseistyki, uprawianej z sukcesem przez dyktatorów naszego filmowego gustu — Eugeniusza Boczka czy Jacka Fuksiewicza.

I ten film Bohdana Poręby, podobnie zresztą jak wszystkie filmy fabularne popularnego reżysera, oczekiwany był ze zrozumiałym zainteresowaniem. I tym razem reżyser nie zawiódł swoich zwolenników, prezentując utwór, który wprowadzi z pewnością ożywczy ferment w atmosferę naszego życia kulturalnego, koneserzy zaś delektować się będą pięknem obrazu, owymi inkrustacjami i estetyzującymi ściszeniami, które z powodzeniem stosuje reżyser.

Bohaterowie filmu Poręby rzuceni są na tło nowoczesnego zakładu przemysłowego, stają się jak u Antonioniego elementem plastycznym, cząstką pejzażu, ruchomą plamą w kadrze. Antonioni w swej *Czerwonej pustyni*, dla uzyskania pełniejszego efektu estetycznego, pomalował otaczający kombinat las. Poręba, twórczo dyskontując jego osiągnięcia, idzie o krok dalej, malując na czarno sadzą aktorów, stapiając ich jeszcze bardziej z pejzażem. Reżyser lubuje się w symbolach takich, jak owa suwnica, mająca zbyt mały udźwig, pękające ogniwo łańcucha czy freudowski spust surówki, stanowiący metaforę — ironiczną syntezę „Dziennika Telewizyjnego".

Właśnie zbyt mały udźwig suwnicy w zestawieniu ze zbyt wielkim wlewkiem kuziennym doprowadzają do tragicznego splotu wydarzeń, w który uwikłani są pracownicy huty, postawieni wobec konieczności wyboru, przy czym każdy wybór jest zły. Interesująco potraktowana jest w filmie *Prawdzie w oczy* sprawa winy. Intryga nie polega na szukaniu winnego katastrofy w hucie — każdy pragnie przypisać sobie ciężar winy, wszyscy tęsknią za odpowiedzialnością. Postacie suwnicowego, inżyniera i innych hutników są personifikacją losu ludzkiego. Winni są w filmie Poręby nie tylko suwnicowy Janczar i inżynier Karbowaniec, winni jesteśmy wszyscy. A nikt z przedstawionych w filmie robotników nie jest pragmatystą, wszyscy są egzystencjalistami, stąd problemy wzięte są w głęboki cudzysłów. Dochodzą tutaj do głosu lektury reżysera, jego filozoficzne zapatrzenia. W owej pogoni za winą kompromituje się ostatecznie zachodni nawyk zwalania winy jeden na drugiego. Poręba operuje kamerą jak lancetem, poddaje wiwisekcji grupę ludzką. Poręba mocny jest w grupie. W przeciwieństwie do Eisensteinowskiego operowania tłumem, stosuje reżyser tak modne obecnie kino ascetyczne.

Drugim nurtem filmu jest sprawa erotyki. W wątku tym, podbudowanym smutną balladą o ludziach urodzonych w zwykły, szary dzień, dostrzegamy bez trudu wpływy filmów Leloucha i reminiscencje targów w Kopenhadze.

Kończąc, należy wyrazić uznanie reżyserowi za podjęcie tematyki uniwersalnej, trafienie w centrum zainteresowań europejskiego kina, walkę z dulszczyzną światowego hutnictwa i zneurotyzowanym rytmem pracy wielkich pieców. Otrzymaliśmy wreszcie film, dzięki któremu nie trzeba będzie świecić oczami na zachodnich festiwalach. Trochę może tylko żal, że młody reżyser okazał się aż tak podatny na obce wpływy, że zrobił film wywodzący się z kręgu inspiracji wybitnych zresztą zachodnich reżyserów. Zwłaszcza w sytuacji, gdy istnieje tak wielka potrzeba przemawiania pełnym głosem o naszych własnych specyficznych problemach, huty zaś, jak wiadomo, są na całym świecie. To wszystko nie umniejsza jednak sukcesu filmu.

Chciałbym przy okazji zasygnalizować następny film Poręby, przygotowywany z tym samym scenarzystą (znanym literatem Jerzym Grzymkowskim). Ma on traktować o robotniku, który traci tożsamość, zostawszy pisarzem. Tu, jak sądzę, poszukiwania formalne pchną Porębę w kierunku kina ekspresjonistycznego. Otrzymamy film nasuwający zapewne skojarzenia z obrazem pt. *Doktor Jekyll i Mister Hyde*. W pierwszej części filmu wystąpić mógłby Andrzej Łapicki, a w drugiej Mieczysław Czechowicz. Takie potraktowanie procesu degrengolady psychofizycznej bohatera stanowiłoby także krok naprzód w stosunku do znanej powieści Oskara Wilde'a *Portret Doriana Graya*.

Życie niezłomne

Franciszek Trzeciak zagrał bardzo sugestywnie półinteligenta w filmie *Na wylot,* czego logiczną konsekwencją było zaproszenie go do jury na festiwalu filmowym w Koszalinie i zaangażowanie przez tygodnik „Ekran" do opublikowanej pod budzącym zaufanie tytułem *Być zawsze sobą* wypowiedzi na temat przyszłości kultury polskiej.

Wybitny aktor, którego droga do kariery, utrudniana przez gangi reżyserów i zmowę dyrektorów teatralnych, była niemal równie dramatyczna, jak historia prześladowanego przez „elektorskich" pułkownika Dowgirda, kończy jednak obiecująco stwierdzeniem, że „zarówno w swoim zawodzie, jak i w życiu prywatnym postanowiłem zawsze mówić prawdę".

Reklamuję tego artystę wcale nie bezinteresownie, ponieważ w następnym numerze „Ekranu" Ryszard Filipski oznajmił: „Nasze czasy wymagają szybkiego tworzenia silnych, twórczych wzorców. Nic nie dzieje się przypadkowo. Jeśli nasza ojczyzna, jeśli nasz ustrój propaguje hasła wzmożonej aktywności, wytężonej pracy, a rodzime warsztaty twórcze, miast odpowiadać przykładem — wzorcem zdrowej moralnie, twórczej jednostki, upychają społeczeństwu różnego rodzaju galaretowate postacie, uwikłane w nikogo nieinteresujące kompleksy, to nie jest to przypadek. Człowiek mocny to znamię wszystkich czasów... Wiem, jak wielką wartość może mieć ten zawód, jeśli aktor swoją twórczość traktuje służebnie, jeśli służy ziemi, na której wyrósł...".

Pomyślałem po prostu, że Franciszek Trzeciak jest przykładem-wzorcem, na podstawie życia którego można by stworzyć interesujący moralitet pt. „Franciszek Trzeciak, czyli życie niezłomne", przy czym Trzeciaka mógłby zagrać Filipski, reżysera — ktoś odpychająco inteligentny, a ja bym napisał scenariusz. Film taki rozwiązałby obu artystom istotny problem ideowy, a ja bym przy okazji załatwił tutaj swój mały finansowy interes. W związku z tym pisałbym z pasją i z całą służebnością, na jaką mnie stać, a nawet większą. Podkreśliłbym odpowiedzialność „wyniesionego tak wysoko zawodu aktora" za bieg historii, przeszłość i przyszłość kraju, nowy typ masła roślinnego i nieprzypadkowo chyba nieudany lot komety Kohoutka.

Prawdę mówiąc, Franciszek Trzeciak spadł nam tutaj jak z nieba. Ile na przykład namęczył się francuski literat Honoré Balzac, niefortunnie tworząc postać Lucjana de Rubempré, galaretowatego utrzymanka i w dodatku poety, karierowicza Rastignaca, obrzydliwej Bietki, spekulanta Barona de Nucingen, nie mówiąc już o przedstawicielach władzy, takich jak paktujący z przestępcami generalny prokurator pan de Granville, zanim stworzył wreszcie postać Vautrina, nazywanego przez środowisko pieszczotliwie „Ołży-Śmiercią", postać dającą niejakie przeczucie czegoś obiecującego. Ten galernik, zbiegły przestępca, gardzi słusznie całym kapitalistycznym skorumpowanym światem i choć niekiedy zabijając czy rabując, postępuje może i przesadnie, to jednak na końcu dokonuje aktu pozytywnej ekspiacji. Postawiony wobec konieczności wyboru: stryczek czy praca w policji — umie wybrać wyjście trudniejsze — zostaje szefem policji i przez całe lata stoi na straży ładu i porządku publicznego. Oczywiście, tego typu kariery były możliwe jedynie w społeczeństwach kapitalistycznych, ale innych wówczas nie było.

Punkty na śmierć

Jestem przeciwny wspinaniu się po wysokich górach. Sport ten uprawiają ludzie z kompleksem niższości. Jeśli ktoś chce sprawdzić się jako mężczyzna, niechaj wybierze się wieczorem na jakikolwiek festyn ludowy, jako patriota niech przetańczy kilka taktów hopaka z reżyserem Porębą na tradycyjnym balu sylwestrowym w SPATiF-ie, jako człowiek inteligentny niech idzie pracować do telewizji. Od ciągłego chodzenia po nich góry się niszczą. Poza tym ciągle giną ludzie. Dlatego ucieszyłem się na wiadomość, że jeden z tygodników postanowił zorganizować dyskusję na temat, kto ma prawo uprawiać taternictwo i ryzykować życiem.

Jakiś czas temu Michał Radgowski bronił prawa do topienia się na wodach otwartych. Notabene głos jego większość czytelników potraktowała jako przygotowanie do zupełnego zakazu wchodzenia do wody i histerycznie a nieodpowiedzialnie rzuciła się w fale, przy czym wielu z nich, obniżając procent prenumeratorów „Polityki", odpłynęło na zawsze.

Oczywista, nie wszystkie straty są dla nas jako dla społeczeństwa równie bolesne. Nie chciałbym zostać źle zrozumiany — po prostu są ludzie bardziej i mniej potrzebni. Inna jest strata ogółu, kiedy spada ze szczytu notoryczny pasożyt, a inna kiedy pośliźnie się inżynier, którego wykształcenie kosztowało nas pół miliona. Inaczej waży upadek samotnego emeryta blokującego M-5, a inaczej utalentowanego docenta w fazie przedwynalazczej. Dlatego celowe wydaje się wprowadzenie systemu premiowania, który od lat świetnie sprawdza się przy egzaminach na wyższe studia. Pewnego rodzaju innowacją byłoby wprowadzenie obok punktów dodatnich, które na kształt bariery uniemożliwiałyby zbliżenie się nawet do podnóża góry, także punktów ujemnych. Dla wybrańca, któremu udałoby się uzyskać te ostatnie, oznaczać by to mogło w praktyce wyeliminowanie jakichkolwiek utrudnień, a nawet przy wysokim premiowaniu ujemnym stosowanie różnorodnych form zachęty do zdobywania szczytów ze wskazaniem stosownie niebezpiecznych łańcuchów górskich. Ograniczeniu ulegałby jedynie sprzęt asekuracyjny. Aby nie teoretyzować, parę przykładów.

Pełnosprawny inżynier z żoną i dwojgiem dzieci plus 50 punktów. Inżynier, który mógłby się wykazać do tego znajomością języka (polski również bierze się pod uwagę) plus 80 punktów — a to już praktycznie eliminuje możliwość utraty tego fachowca w górskich warunkach przez zakład macierzysty oraz komórkę rodzinną. Krytyk Włodzimierz Maciąg — za postawę plus 100 punktów. Andrzej Dobosz — za całokształt minus 35 punktów. Artur Sandauer — za internacjonalizm plus 99 (zalecona asekuracja nawet na terenach płaskich). Słonimski i Stryjkowski bez motywacji po minus 80 każdy, żadnych lin ani czekanów, ze wskazaniem — Tatry Wysokie. Prof. Kubacki plus 150 punktów (50 punktów premii za tytuł naukowy). Kazimierz Brandys w góry. Bohdan Drozdowski wykluczone. Poeta G., reżyser P., i krytyk filmowy S. — za alkoholizm nasz bez domieszek obcych plus 60. Poeta H., reżyser W., i krytyk M. za alkoholizm jakiś taki nie nasz minus 50 punktów. Leopold Buczkowski — za hermetyczność minus 23. Pauksza i Piechal — za jasność plus 102.

Chciałbym zastrzec się, że klasyfikacja ta nie ma jeszcze mocy obowiązującej. Przy jej opracowywaniu kierowałem się jedynie sumieniem albo jeśli kto woli — kalkulacją. Nie znaczy to jednak, aby należało ją lekceważyć. Wymieniłem celowo parę nazwisk na próbę, ponieważ wzruszyła mnie bezradność Dantego Alighieri. Poeta ten w *Boskiej komedii* przekazuje szereg naprawdę istotnych informacji. Ostentacyjnie umieszcza w piekle nieżyjących, a także i żywych ludzi, których dusze z pewnym wyprzedzeniem powłoki cielesnej podlegają już interesującym represjom. Wielki poeta włoski wymienił ponad 100 nazwisk i adresów, lecz władze z rozmaitych przyczyn nie zainteresowały się tymi świetnie przecież podpatrzonymi i napisanymi spostrzeżeniami. Tak więc Dante przekazywać mógł informacje jedynie Bogu, co o tyle mijało się z celem, że Stwórca i tak o wszystkim wiedział. Oto jak fideizm wypaczał rozwój literatury.

Polowanie na rozbierańca

W straszliwie upalny dzień lipcowy, na pustej dzikiej plaży, odległej o parę km od nadmorskiej miejscowości Chałupy opalałem się z wyrafinowanym eseistą „Szpilek" A. Markowskim, odgrodzony od świata kosztownym parawanem, z przyszytego do patyków kretonu. Mimo upału, analizowaliśmy na rozstawionej szachownicy wariant obrony Niemzowitscha, zastosowany w partii Fischer — Spasski, dyskutując jednocześnie dla ożywienia umysłu o koncepcji czasu w utworach Lesława M. Bartelskiego.

W odległości kilkudziesięciu metrów parę osób opalało się bez kostiumów. Nieco dalej chyłkiem przemykał się do morza pojedynczy rozbieraniec. Dziś, gdy cofam się myślą do owego dnia, pojąć nie mogę, czemu nie zadrżały nam ręce, gdy po kąpieli postanowiliśmy także opalać się bez kostiumu. Dlaczegóż nie przyszło opamiętanie także później, gdy nad wydmami pojawiła się luneta-peryskop, używana z powodzeniem podczas drugiej wojny światowej, a i potem, gdy pobliski las ruszył ku nam, niczym Makbet, nie chcieliśmy uwierzyć w nieuchronność przeznaczenia. Dopiero gdy gałęzie opadły, odsłaniając mężczyznę w pięknym garniturze koloru wody morskiej i koszuli typu Yellow Bahama, a za nim błysnął stalowy mundur plutonowego MO, schwyciliśmy za kąpielówki, zbyt późno.

— Ciekawe, gdzie panowie trzymają dowody osobiste? — zapytał przedstawiciel puckiej władzy, proponując mi równocześnie zbicie konia.

Tak zaczęła się kilkudniowa walka o podstawowe prawa człowieka, która kiedyś być może przejdzie do historii jako wypadki lipcowe. Walka, w której po jednej stronie występowali funkcjonariusze MO i Główny Urząd Morski, a z drugiej dziesięć osób bez majtek. Bo oto w chwili, gdy przedstawiciel władzy zapoznawał się z imionami naszych rodziców, z odległych grajdołów wysypali się, osłaniając w biegu rekwizyty kontestacji obyczajowej przedstawiciele ekipy obnażeńców. Jak się później okazało, część z nich sądziła, że schwytano dusiciela, inni, że ujęto Szweda, który uciekł do nas ze Skandynawii kajakiem. Gdy reprezentant puckiej władzy oświadczył, iż dzięki udanej akcji uchwycił obraz moralności w postaci publicznego rozbieractwa, grupka gniewnie zafalowała. Wspaniale zbudowana żona prawnika z Warszawy, spowita kocykiem w żyrafy, którego falowanie pozwalało domyślać się w niej naszej ideowej sojuszniczki, oświadczyła, że nikt tu nikogo nie obraża i w tym celu przeszła kilka kilometrów dalej, aby opalać się wolnościowo na wolnej plaży. Po czym z wprawą zawodowego prowokatora wskazała grupę rozbierańców, którzy z odległości stu metrów śledzili cynicznie rozwój wydarzeń. Przedstawiciel władzy z dojrzałością wybitnego męża stanu uniknął międzynarodowego konfliktu, gdyż także wiedział, iż są to turyści z NRD. Wspaniale obrośnięty prawnik, zamaskowany tuniczką z ręcznika frotté, wtrącił, że należą oni jednak do naszego bloku, nie powinni być dyskryminowani i także należy im się opieka władzy. Miniaturowy elegant w napoleońskiej czapie skonstruowanej z jakiejś gazety oświadczył zajadle, że tamci także z wielu powodów, o których nie ma czasu mówić, powinni włożyć slipy, i dodał, że ma poufne informacje, iż pięćset metrów stąd opala się na wydmie bez kostiumu aliant, patrzy się w stronę morza, więc stosunkowo łatwo można się do niego podczołgać, zachodząc od lasu. Żona prawnika wygłaszała tymczasem dłuższy spicz, przedstawiając nas i siebie jako rewolucjonistów, którzy zgodnie z filozofią Marksa są tragiczni, gdyż przyjechali do Chałup zbyt wcześnie. Lecz historia nas zrehabilituje i w Rumunii bylibyśmy akurat. Nie odpowiadając na jej pytanie, czy Polska jest mniej socjalistyczna od Rumunii, przedstawiciel władzy oświadczył, iż akcja się udała, bo była obmyślona w szczegółach, a plażowe wywaleństwo jest równie groźne jak pobicie, a nawet ideologicznie groźniejsze, i oddalił się, zapowiadając rychłe spotkanie w kolegium orzekającym. Pomyślałem ze smutkiem, jak cenne byłoby spotkanie przedstawiciela władzy parę dni temu we Władysławowie, gdy dwudziestu pijanych autochtonów otoczyło mnie przy szaszłykarni, proponując, abym przewiózł ich delegatów po mieście, a wrodzona grzeczność nie pozwoliła mi odmówić. Mały Napoleon pocieszył nas, abyśmy nie przejmowali się kolegium, ponieważ pieniądze nie grają żadnej roli, podczas gdy w krajach arabskich kobietom nie wolno pokazywać twarzy, a w czasie wojny za zdradę karało się śmiercią. Tymczasem dookoła nas grupa integrowała się z przerażającą szybkością, rosła wolność, opadały ręczniki, przysięgano sobie nie ubierać się, rozstawiono na czatach dzieci, ustalając precyzyjny system szyfrów i kodów.

Następnego dnia przyszedłem na plażę w oportunistycznych kąpielówkach, usiadłem samotnie, lecz za chwilę przysiadł się do mnie atletyczny mężczyzna w bermudach, powiedział, że jest straszny upał i że warto by coś zdjąć. Prowokacja wydawała mi się szyta zbyt grubymi nićmi, więc czym prędzej oddaliłem się. Plażę przeczesywało właśnie pięciu potężnie zbudowanych młodzieńców w kąpielówkach, zaglądali do grajdołów oraz za parawany, gdy spytałem się o cel ich działalności — zaproponowali mi kopa. Szli w kierunku kwatery głównej rozbierańców. Ruszyłem za nimi i z daleka już dojrzałem ukryte wśród gałęzi lniane główki dzieci na posterunkach. Młodociani czatownicy okrzykiwali się, sprawdzając czujność na całej linii. Wspomniana grupa pięciu nieoczekiwanie dobyła z chlebaków służbowe czapki Urzędu Morskiego i poszarżowała na pozycje, ale rozbierańcy tym razem nie dali się zaskoczyć i stanęli murem. Rozgoryczona ekipa represyjna wycofała się, zapowiadając ściągnięcie straży obywatelskiej, która zastawiła właśnie kocioł na inną plagę polskiego wybrzeża — wydmowego siusiacza, oraz nadejście wojska, uzbrojonego na razie w broń konwencjonalną, które nie będzie żartować.

To będą na pewno komandosi — rozmarzyła się żona prawnika, zastanawiając się, czy atak, nadejdzie z ziemi, z wody, czy z powietrza.

Jak być kochanym

Nasz kraj jest krajem poetyckim, stąd Jan Himilsbach, jeśli nie musiał, to w każdym razie powinien pojawić się właśnie tutaj i zrobić karierę w filmie. Wymieniony artysta uważa to nie bez pewnej słuszności za sprawę cokolwiek wstydliwą. Ale ponieważ wszystko nadal odbywa się według zasady poetyckiej, nie musi wstydzić się aż tak bardzo.

Parę lat temu Daniel Olbrychski przygważdżał Gustawa Holoubka (w jednej z owych uroczych intelektualnych szermierek słownych, dzięki którym czytanie gazet i dzienników stało się u nas źródłem estetycznej satysfakcji) twierdzeniem, że o sukcesie filmowego artysty decyduje Świadomy Kunszt Aktorski. Holoubek bronił się nieporadnie, ale w tymże roku w plebiscycie „Ekranu" krytycy uznali za najlepszego aktora filmowego roku — obok w pełni świadomego Daniela Olbrychskiego — Jana Himilsbacha, który najlepsze swoje sceny w filmie *Rejs* grał w stanie ze wszech miar niepełnej świadomości.

Być może u źródeł narodzin aktorstwa Jana Himilsbacha leżało nade wszystko to, iż byliśmy do granic wytrzymałości zanudzeni doskonałością i kunsztem Polskiej Szkoły Aktorskiej z jej Warsztatem Bez Granic.

„Ja ci, stary, zagram nawet krzesło" — obiecuje pewien znakomity artysta i, co gorsza, można mu zaufać.

Tymczasem Jan Himilsbach to jest w ogóle coś innego. Człowiek ten i pisarz prowadzi życie, mówiąc łagodnie, mało konwencjonalne. Skoro zaś zdecydował się żyć tak, jak żyje, to naprawdę może grać i pisać tak, jak mu się podoba, ponieważ i swoją grę, i nas, którzy ją oglądamy, ma po prostu — jak celnie zauważył H. Bereza — w dupie.

Wspomniałem, że artysta ów prowadzi życie nietypowe, co więcej, wszystko wskazuje na to, że jest z tego życia zadowolony. Chociaż czytelnikowi jego opowiadań czy widzowi w kinie może się ono wydawać niekoniecznie najatrakcyjniejsze. Należy więc Himilsbach do ludzi zadowolonych ze swojego życia, a zatem i z życia w ogóle. Wszystko u niego gra, wszystko jest w porządku, idzie swoim naturalnym rytmem; narodziny i śmierć, kalectwo i delirium, nazywane pieszczotliwie, po koleżeńsku, delirką — wszystko to jest na co dzień, jest jakieś bliskie, ciepłe, właściwie trudno się bez tego obejść. Wszystko jest „ganz" i chlupes tenteges.

Na ogół chętniej identyfikujemy się z bohaterami prozy Hemingwaya albo w drugą stronę — Saula Bellowa niż Himilsbacha; jeśli mamy kłopoty, to wolimy utożsamiać się z frustracjami Marlona Brando, z którym o tyle przyjemniej jest falować w chaosie kulturowym i wspólnie nie rozumieć i nie być rozumianym. Albo więc smutek wśród tweedów, albo bunt w wystrzępionych lewisach i „wieszanie ogrodniczek" — kto nie wie, co to znaczy, jest w zgodzie z kodeksem karnym i nie powinien się martwić. Identyfikowanie się z Himilsbachem — to się musi mniej podobać. Moda w swoją stronę, Himilsbach w swoją. Wyzwala on trochę inne uczucia. Wśród wszystkich „przekręconych" przez życie w taki czy inny sposób — a i w naszym kraju zdarzają się tacy ludzie — wywołuje zdumienie i radość, że jest mu tak źle, a tak mu z tym dobrze. Ukazuje takie perspektywy, że wydatnie poprawia samopoczucie. Powinien więc dostać nagrodę jakiegoś ministerstwa, ponieważ akceptuje wszystko i jest to z całą pewnością działanie ku pokrzepieniu serc. Jest więc Jan Himilsbach Sienkiewiczem, będąc równocześnie Chaplinem, przy czym zestawienie to tylko pozornie wydaje się zaskakujące.

Nie można powiedzieć, aby Himilsbach unikał wielkiego świata i nie miał swojego wystawnego życia, dlatego udaje się niekiedy z aparatem Zorka 5 i żoną do Hali Mirowskiej, aby przyjrzeć się japońskiej rewii. Potem wsiada ze Zdzisławem Maklakiewiczem w samolot i lecą do Koszalina albo i jeszcze dalej. Słowem, on nas rozczula, ale mu nie zazdrościmy, i za to go kochamy. Jednak nasza przewaga jest dość ułudna, ponieważ my naprawdę tęsknimy za życiem innym, najczęściej bez konkretnych rezultatów, a Janek ma na ogół wszystko, co chce.

Tak więc artysta filmowy Himilsbach budzi poważną ilość najrozmaitszych uczuć: uspokaja, wywołuje współczucie, solidarność, wyzwala poczucie bezpieczeństwa — tyle że to wszystko nie jest takie proste, bo ma on świadomość, powiedzmy, socjologicznej funkcji, jaką spełnia na ekranie, a przez to staje się ona cokolwiek dwuznaczna. Albowiem przesadna afirmacja łagodnie ewoluuje w kierunku swego zaprzeczenia — nic tak nie skłania do zamyślenia się nad pewnymi zdaniami, z którymi spotykamy się na co dzień i do których przywykliśmy na co dzień, jak wygłoszenie ich z zachwytem i wiarą przez Himilsbacha.

Przychodzi mu to łatwo, gdyż ma poczucie poetyckości spraw, wśród których się porusza. Stąd nie wydaje mu się wcale dziwne, że wygłoszone przez niego zdanie: „Piękna jest nasza ziemia z lotu ptaka", wzbudzi u najwłaściwszych osób szereg wzruszających wątpliwości, czy nie oznacza to czasem, że nie z lotu ptaka ziemia nasza przestaje być piękna.

Himilsbach napisał książkę, a sam został zapisany na ekranie. Jest to bardzo pełny, choć może cokolwiek przygnębiający portret zadowolonego z życia człowieka w latach siedemdziesiątych. Słowem, jest ów artysta jakby dzieckiem nieco wstydliwym, które, kiedy przychodzi ktoś z wizytą, mama raczej ukrywa, ale goście koniecznie chcą je zobaczyć i strasznie się nim cieszą. Dziecko natomiast ma dokładnie wyrobione zdanie i na temat mamy, i na temat gości.

Z tym, żeby Himilsbach został bohaterem *Dzisiejszych czasów* i Chaplinem Europy Wschodniej, są też pewne kłopoty. Dość dokładnie wiemy, czego Chaplin nie lubił, możemy też na ogół identyfikować się z pragnieniami bohatera *Gorączki złota*, natomiast o tym, za czym tęskni Janek Himilsbach, boję się myśleć.

Jest jednakże na artystę tego pewna pułapka. Do tej pory Himilsbach ma nas w ręku, ale jego słabym punktem jest — parę osób może się zdziwi — cechująca prawdziwych artystów niejaka mimozowatość. Lubi bowiem, a niby kto nie lubi, aby powtarzano możliwie często, że jest wielki. I gdyby tak wysłać go na festiwal, tylko na miłość boską nie do Łagowa — który wraz ze swymi referentami, przemówieniami, jurorami i obchodami jest częścią poetyckiego pejzażu i Himilsbach czułby się tu jak w raju — ale do Cannes czy do Hollywood, aby we fraku i sztywnym gorsie odbierał Oscara, który mu się należy i którego w końcu może dostanie. Może wtedy spoglądając na nas ironicznie i z niekłamaną wyższością z okładek „Life'u", „Paris Matchu" i „Playboya", wzbudzi zawiść Stanisława Mikulskiego i Beaty Tyszkiewicz, a i my wszyscy, zachwycając się nim, będziemy go nareszcie mogli znienawidzić.

„Dostanie lekcję, to więcej nie przyjdzie"

— krzyknęła wychowawczo bufetowa restauracji Budapeszt (której otwarcie obchodziliśmy uroczyście nie tak znów dawno na łamach prasy), wymierzając pani Marii S., niezadowolonej z przebiegu wieczoru, jaki zapewniła jej załoga lokalu, uderzenie parasolką w głowę i kopa w brzuch.

Ta indywidualna walka z zatłoczeniem w naszych lokalach, zapoczątkowana przez kelnerów z Domu Chłopa, cieszy się poparciem kelnerów w lokalach innych i kto wie, czy nie przyniesie dobrych wyników. W końcu rzeczywiście mało kto będzie chciał płacić za to, żeby dostać po gębie, każdy woli mieć to za darmo. Oczywiście, aby akcja odniosła sukces, nie może się obejść bez ofiar, w rękawiczkach takich rzeczy załatwiać nie można.

Pani Maria S., której niczym nieusprawiedliwiona wizyta w lokalu Budapeszt (dawny Cristal) zmusiła załogę do interwencji, swą skargę złożoną w sądzie kończy zdaniem: „Jeszcze raz proszę o załatwienie mojej prośby, ponieważ nawet w lokalu kategorii «S» człowiek nie jest pewny, czy wyjdzie". To jest oczywista przesada, bo do tej pory jednak na ogół wszyscy pobici wychodzili o własnych siłach albo w najgorszym razie opuszczali lokal przy pomocy przedstawicieli obsługi.

Pretensje mieć trudno, bo można nie przychodzić. Najlepiej jest nie przychodzić. A jak się już przyjdzie, też można uratować sytuację, w pełni stosując się do rozporządzeń kelnerów. Przecież w Domu Chłopa kelner Ryszard Mazgaj nie zostałby zmuszony do rozebrania się do pasa, uchwycenia swego gościa za włosy i bicia jego głową o parapet, wreszcie usunięcia mu z kieszeni, przy pomocy swego kolegi, kwoty złotych 750, gdyby wyżej wymieniony gość przystał na propozycję złożoną w tonie spokojnym, aby oprócz rachunku wpłacił sumę tej wysokości widocznie Ryszardowi Mazgajowi potrzebną. Wiedziony poczuciem fałszywej sprawiedliwości wykręcał się, a przecież Mazgaj lojalnie ostrzegał przed konsekwencjami („płać, frajerze, bo dostaniesz w dziób"), gość odmówił i sprowokowany Mazgaj po prostu musiał wyciągnąć konsekwencje.

Nic też nie zakłóciłoby wieczoru pani Marii S. obchodzącej wraz z rodziną (mąż, syn, narzeczona syna) w Budapeszcie zaręczyny syna, gdyby nie przyszło jej do głowy sprawdzenie przedstawionego przez kelnera rachunku. Być może zawiniła tu obsesja liczenia, wynikająca z charakteru jej pracy. W każdym razie nikt nie może powiedzieć, aby perypetie głównej księgowej i jej rodziny, które rozegrały się nocą w luksusowej scenerii superlokalu, nie zostały przez nią wywołane. Kelner omylił się na swoją korzyść o zł 10 i nawet prawdopodobnie po stwierdzeniu tego przez swoich gości nie wyciągnąłby w stosunku do nich żadnych konsekwencji, ograniczając się do niepozbawionego racji stwierdzenia, że „jak kogoś nie stać, niech nie przychodzi", gdyby główna księgowa wykazała skruchę i szybko opuściła lokal. Coś jednak musiała mieć w sobie dziwnego pani S. (któż zrozumie ludzi!), skoro zamiast zachować się według omawianego wzoru, poddała krytycznej ocenie pracę kelnera i zażądała książki zażaleń. Oburzony kelner wyłuskał rachunek z jej rąk, zlikwidował go za pomocą kilku szarpnięć, proponując swemu gościowi złożenie pocałunku na obciśniętej zgrabnymi granatowymi spodniami (w lokalu Budapeszt dba się o estetyczny wygląd kelnerów) części swego ciała. Do akcji wtrącił się obsługujący rewir przyjaciel kelnera Leszka Woźniakowskiego, kelner Andrzej Wielga, jego rówieśnik, dając — jak słusznie powiedział na rozprawie broniący go mecenas — „piękny przykład solidarności, gdyż nie inaczej postępowali żołnierze na froncie i więźniowie w Oświęcimiu". Wiedziony szlachetnym odruchem koleżeństwa dał jednocześnie odprawę powielanym sądom o znieczulicy i dowód żywotności tradycji martyrologicznej w świadomości młodego pokolenia. Kelner Wielga zakwestionował prowadzenie się pani S., stawiając także pod znakiem zapytania ojcostwo ojca jej syna. Główna księgowa nawet i później nie doceniła powagi sytuacji, kiedy otoczono ją z okrzykami: „Szpicel!", „Za 10 złotych człowieka chce powiesić!", „Jak wpiszesz, to ci łeb utniemy!". Na perswazje kierowniczki sali, że „kelner też musi żyć, kelnerzy są dorośli i wiedzą, co robią", oświadczyła, że kelnerzy budują sobie wille, i występując przeciw nierównemu podziałowi dochodu narodowego, dodała, że nie zamierza ze swej strony kłaść podwalin pod ich zamożność, co spotkało się ze zrozumiałym niezadowoleniem załogi. Kelnerzy nie ukrywali swojej dezaprobaty, ponieważ — jak słusznie oświadczył mecenas na sprawie — „minęły czasy jaśniepaństwa, kiedy kelner padał plackiem przed gościem. Teraz wszyscy są równi... Oczywiście każdy gość uważa się za wielkiego pana, proszę bardzo, niech się uważa" — dodał ironicznie stołujący się zapewne w domu obrońca. Konsekwencje tego omawiał kiedyś w „Kulturze" KTT, dziwiąc się, że w sytuacji, gdy zarobki kelnera przewyższają na ogół zarobki gościa, a kelner jednak musi go obsługiwać, nie wszyscy kelnerzy biją gości i że nie czynią tego przedstawiciele innych usług.

Tymczasem na opustoszałej sali w restauracji Budapeszt (godzina druga w nocy) wir otaczający rodzinę księgowej przesuwał się do szatni. Nasi bohaterowie odbierają płaszcze, pani S., czując, że jest niedobrze, posyła męża po milicję, sama jednak, niczego nienauczona, nadal nie szczędzi uwag krytycznych. Cóż więc dziwnego, że występująca w obronie opinii lokalu bufetowa wymierzyła sprawiedliwość, trzasnąwszy główną księgową jej własną parasolką oraz stosując kopa w brzuch. W szatni się zakotłowało. „Ponieważ miałam na głowie nałożone sztuczne loki, tzw. tresę, zerwano mi ją". Pani S. rzuciła się do drzwi z okrzykiem „Ratunku!", ale drzwi były zamknięte. Wreszcie ktoś je otworzył. „Wyskoczyliśmy w popłochu, jakiś pan wyniósł mi włosy". Wkrótce potem przyjechał mąż z milicją, spisano protokół. Dobiegł końca jeszcze jeden pracowity dzień w lokalu kategorii „S", Budapeszt.

Przed sądem przesuwa się lawina świadków obrony.

Świst pochwał i komplementów. Nieoczekiwanie zjawiają się świadkowie oskarżenia — to dwóch sędziów, których gościł kiedyś lokal Budapeszt, oskarżony zaś Woźniakowski, poproszony przez nich o sprzątnięcie ze stolika wielkiego drewnianego talerza utrudniającego spożywanie budapeszteńskich smakołyków, oświadczył, patrząc im dumnie w oczy, że to nie jego rewir, więc nie będzie się przemęczał. „Czymże to jest — replikuje obrona — jeśli nie wzorowym wypełnianiem nakazu o niewtrącaniu się do pracy kolegów? Czymże, jeśli nie poszanowaniem kompetencji?!" Obrona przechodzi do ataku. „Zawód świadka?" „Tokarz" — odpowiada mąż pani S. „Czy pracuje w zakładzie państwowym?" „Nie, w prywatnym". „Dziękuję, nie mam pytań" — triumfuje mecenas, dając do zrozumienia, że poszkodowany, a więc jego krzywda, są nam klasowo obce.

Zeznają koronni świadkowie obrony, powołani na okoliczność, iż tego samego wieczoru w tym samym lokalu nie zostali przez żadnego z obu oskarżonych kelnerów pobici, obrażeni ani oszukani. Adwokat triumfuje, podkreśla to wydarzenie w sytuacji, gdy w restauracjach jest ścisk, kelnerzy łatwo się denerwują, gastronomia jest źle zorganizowana, nie ma szpinaku, a goście żądają szpinaku. Zresztą na Zachodzie jest jeszcze gorzej — kończy mecenas.

Kelnerzy znajdują się w sytuacji trudnej. Muszą poniżać się, obsługując gości albo odciąć sobie źródło dochodów. Na razie idą na kompromisy — częściową kompensatą jest obrażanie i bicie gości. To zdrowy, rozładowujący odruch, ale okazuje się, że to nie wystarcza, kelnerom grozi poważne niebezpieczeństwo: kelnerzy zaczynają pić, szukać zapomnienia w alkoholu. Jaki obrót mogą przyjąć sprawy? Wyludnienie się lokali to oczywiście rozwiązanie mało realne, potrzeba zdobycia pożywienia długo jeszcze może przezwyciężać strach. Co więcej, frustracyjne upijanie się może doprowadzić kelnerów do utraty znacznej części sprawności fizycznej i bojowości. Możliwe jest także znaczne podniesienie sprawności obronnej konsumentów (klub kulturystyczny Herkules i sekcje judo poszukują kandydatów...). Zresztą w ogóle wszystko jest względne. Stypendysta gastronomii poinformował mnie w sądzie, iż w Paryżu świetnie prosperuje lokal, którego główną atrakcją jest oblewanie gości zupą, poszturchiwanie i obrażanie ich. „I wszyscy są zadowoleni" — stwierdził z goryczą stypendysta. Powiedziałem, że jestem przeciwny uleganiu modom zachodnim i bezkrytycznemu przenoszeniu obcych wzorów. „Ee, panie — odpowiedział. — Co pan mi tu będzie..."

Na wsi wesele

Tegoroczny jubileuszowy Festiwal Piosenki w Sopocie zaczął się niedobrze. Rokrocznie cały korpus akredytowanych dziennikarzy udawał się pod wodzą obieralnego dziekana, red. Andrzeja Wróblewskiego z „Życia Warszawy", po odbiór plastykowych toreb podróżnych do rady narodowej. Otóż tym razem, niestety, toreb nie było, a jedynie otrzymaliśmy teczki, tak że większość z nas nie była w stanie ukryć goryczy. Z zazdrością mówiło się o przebiegłości red. Eljasiaka ze „Sztandaru Młodych", który musiał widocznie coś wiedzieć, bo na Festiwal nie przyjechał. W plastykowych torbach jeszcze dodatkowo były landrynki i „petit--beurre'y", a w teczkach jedynie dwie widokówki, i to bez znaczków.

Ton rozżalenia zdominował też pierwsze konferencje prasowe. W licznych wypowiedziach skarżyliśmy się na jakość mieszkań, miejsc na widowni, brak przy nich tabliczek rozpoznawczych z napisem PRASA. Przedstawicielka z terenu słusznie żaliła się, że nie może pisać o Festiwalu do wielonakładowej gazety, skoro ogląda piosenkarza z profilu. Ktoś z bardziej wyrobionych towarzysko redaktorów zwrócił uwagę, że nie wypada stawiać gospodarzom takich zarzutów, skoro upiekli dla nas prosiaka. Ale inny redaktor skontrował go, mówiąc, że prosiak był za tłusty i zimny. Tamten wyjaśniał, że obniżenie się temperatury prosiaka było nieuniknione wobec ogromnej ilości redaktorów wchodzących w skład korpusu — prosiak mianowicie stygł w czasie krojenia.

Te sprawy bliskie nam wszystkim odwróciły na dłuższy czas naszą uwagę od spraw piosenki i wiążących się z nią problemów ideologicznych. Może było w tym trochę znużenia publicystów, którzy na festiwalach opolskim i kołobrzeskim rzucili wszystkie siły na zaniedbany odcinek piosenki. Ale w moim głębokim przekonaniu zmęczenie to było przedwczesne, bo jeszcze nie wszystkie odcienie zaangażowania zostały przedyskutowane, jeszcze nie w pełni oczyszczono piosenkę z nalotów dekadentyzmu i niedynamicznego sentymentalizmu, nie w pełni prześledzono możliwości jej oddziaływania na kształtowanie morale młodzieży i aktywizację naszej gospodarki. A tu nawet red. Zapert, który skontestował Festiwal Opolski, a sam posiada głęboką znajomość przedmiotu, będąc autorem tekstów licznych piosenek (w tym bardzo udanego „Ale co tam, ale co tam, jestem grzeczny hipopotam"), prezentowanych zresztą w Kołobrzegu i Sopocie, co wyklucza zarzuty jego nieobiektywności — jakby przygasł.

Właściwy ton wprowadził dopiero szef grupy fotoreporterów, red. Dudley, uderzając w salę słowem „sabotaż". Rzecz dotyczyła występu pani Rodowicz, w trakcie którego nastąpiła awaria dźwięku i pani Rodowicz przestała być słyszana. Red. Dudley w swoim oświadczeniu przypomniał, że w Opolu pani Rodowicz zginęły nuty, że są to dziwne zbiegi okoliczności, że jej i jego zdaniem im wcześniej się to wyjaśni, tym lepiej. Zwłaszcza że — w tym momencie stalowe nerwy zawiodły znakomitego fotoreportera i głos załamał mu się dramatycznie — tu się ryzykuje dolary. Wezwani na konferencję inżynierowie i realizatorzy dźwięku z TV wyjaśnili, że przy obecnej jakości sprzętu fakt, że awarii jest tak mało i że w ogóle coś słychać, należy uznać za poważne osiągnięcie. Wyjaśnienia, że aparatura nagłośniająca była pożyczona od osób prywatnych i od zespołów i że dźwiękowcy gotowi są zagwarantować wysoki poziom odbioru, jeśli otrzymają normalny, dobry sprzęt, spotkały się z nieprzychylną reakcją zebranych. Bo nie jest sztuką robić dobrze na dobrym sprzęcie, ale przewalczyć zły sprzęt, dając dowód przewagi ducha nad materią. Tak samo jak nie jest sztuką zakwaterować zagranicznych gości Festiwalu w dobrych pokojach, ale sztuką jest dokonać tego, aby nie uciekli po pierwszym dniu, mieszkając w takich pokojach, jakie otrzymują, i nie krzywili się na widok wstawianej im dodatkowo leżanki z reprezentantem konkurencyjnej firmy płytowej.

Bo gdyby wszystko miało być tak, jak być powinno, to Festiwal w ogóle nie mógłby się odbyć, co jest niemożliwe. Zwłaszcza że „No To Co" nauczyło się śpiewać polski folklor po angielsku, a pani Dziedzic wzbogaciła swój głos o zupełnie nową, pełną dramatycznej ekspresji intonację, notabene dostosowaną do klimatu Festiwalu. Pani Dziedzic była zresztą w autentycznie trudnej sytuacji, walcząc z publicznością, która w opozycji do zachodniej mody zrywania festiwali postawiła sobie za punkt honoru nie dopuścić do jego zakończenia. Wynik meczu pani Dziedzic — publiczność: 1 : 1. Na szczęście bez dogrywki.

Groźnie rozszumiała się wypełniona redaktorami sala, kiedy na konferencji prasowej pojawił się słynny prezenter Radia Luksemburg, Alan Freeman. To on obiecał w zeszłym roku puścić w swoim programie „No To Co" i Niemena, i w ogóle dopomóc, otoczyć opieką. A tymczasem, owszem, puścił, ale potem dlaczego oni się nie przyjęli? Dlaczego nie podbili? A on dlaczego zapomniał? Dlaczego nas opuścił? Dlaczego zdradził? Może tylko udawał, że kocha Polaków, a my byśmy dla niego wszystko. Pan Freeman wił się w krzyżowym ogniu pytań, twierdząc, że on płyt nie wydaje, a jego prywatne oszczędności nie starczyłyby na zalanie rynku światowego naszymi piosenkarzami. Do reszty zraził sobie salę, kiedy redaktor Brodacki z „Argumentów" poprosił go, żeby wyobraził sobie, że jest w studio i zaczął udawać, że prowadzi program. Pan Freeman oświadczył, że będzie udawał, jeśli pan Brodacki zorganizuje mu płyty i sam zatańczy, co pan Brodacki z pewnością by wykonał, gdyby pan Freeman nie zażądał dodatkowo honorarium. Z tak skomercjalizowanym człowiekiem my, Polacy, się nie dogadamy. I to dla takich jak on — nasz Czesiek Niemen musiał zacząć czytać Norwida.

Z wykonawców zagranicznych wybił się Hiszpan Jaime Morey, laureat nagrody Agencji Autorskiej, który zachwycił publiczność i jurorów umiejętnością wykonania całego tekstu w półprzysiadzie, bogactwem i barwą uczuć, jakie w takim przechyle udało mu się wyszarpnąć z duszy, oraz ukłonem końcowym, w którym przyjął pozycję wyjściową do popularnej zabawy towarzyskiej, zwanej salonowcem.

Bo samo śpiewanie do zdobycia publiczności nie wystarcza. Ostatecznie można gorzej śpiewać, jeśli potem się coś wykona. Najwyżej punktowane było zawiśnięcie na ustach Henryka Debicha, który próbował bronić się nieskutecznie przed koniunkturalną namiętnością pań i panów.

Ewa Demarczyk pojawiła się na Festiwalu trochę jakby z innego świata. Jej krótki recital tak wyraźnie odbijał od pozostałych występów, że aż dziw bierze, że pani Demarczyk jednak była oklaskiwana. Oczywista, nie mogła podobać się tak jak pani Kunicka, ale to zrozumiałe, zwłaszcza że miała gorsze teksty. A w tym roku na Festiwalu triumfowały piosenki proste i skuteczne. Warunkiem sukcesu było powtarzające się: Pa-pa-pa, la-la-la albo po-rom-po-po, co jest pierwszym wynikiem dyskusji o konieczności odnowy tekstów i piosenek.

Telewizja zachłysnęła się jakimś świeżo nabytym urządzeniem, dzięki któremu udało się uzyskać błyskotliwe efekty wywołujące wspomnienia najlepszych lat kina niemego i podziwiać fruwające w telewizorze łebki wykonawców w formie zdjęć nagrobkowych.

Czekając na Montreal

Wielki międzynarodowy festyn zdrowia, siły i młodości wszystkich krajów zjednoczonych ideą olimpijską trwał już trzynasty dzień.

— Najgorszy jest ten cholerny spokój — powiedział szef ochrony III sektora bunkrów olimpijskich, poprawiając hełm. — Od rana nic się nie dzieje. Ludziom wysiadają nerwy.

W powietrze wzbiły się trzy czerwone rakiety. Był to sygnał, że lekkoatleci udają się na trening. Pierwszych pięciu skradało się aleją Przyjaźni i Braterstwa Pięciu Kontynentów, szeleszcząc pancernymi kamizelkami w ochronnym kolorze. W roku 1976 MKOl, aby skomplikować pracę terrorystom, zlikwidował kostiumy w barwach narodowych, zastępując je kuloodpornymi kamizelkami typu „Jedność". Zuniformizowane grupy znikały we wnętrzu transportowców. Czekano tylko, aż policja skończy sprawdzanie sędziów i doprowadzi ich do opancerzonego transportera „Olimpia". Było to następstwem zamieszania, jakie wywołał we wczorajszym biegu finałowym na 800 metrów sędzia starter. Nieoczekiwanie oddał on kilka strzałów w stronę finalistów, zmieniając układ sił na mecie. Śledztwo wykazało, że był on terrorystą, którego od dłuższego czasu przygotowywano na specjalnym przedolimpijskim zgrupowaniu komandosów do odegrania roli sędziego. Zaprotestował on gorąco przeciw wypaczeniu intencji jego czynu. Większość krajów potępiła go, jednak kilka wyraziło z nim solidarność.

Powietrze przecięła eskadra odrzutowców wracająca z pościgu za niezidentyfikowanym samolotem, który usiłował na znak solidarności zrzucić bombę na centralny stadion. Spłoszony przez artylerię przeciwlotniczą zniszczył jedynie pobliskie tamy, powodując niewielki lokalny kataklizm. Zresztą część krajów twierdziła, że bomba zrzucona być miała nie na znak solidarności, lecz protestu przeciwko czynowi startera.

Szef ochrony popatrzył w niebo. Cień, rzucany przez balon zaporowy, przesunął się znacznie w prawo. Jeszcze 14 godzin olimpiady. Wraz z całym cywilizowanym światem z niecierpliwością i wielką nadzieją czekał na zakończenie igrzysk. Wydał rozkaz przepuszczenia 12 oddziału zawodowej straży olimpijskiej, która w różnobarwnych trykotach przemaszerowała ze śpiewem, niosąc transparenty MIŁOŚĆ, RADOŚĆ, SZCZĘŚCIE. Z sąsiedniego bunkra przez wloty okienne wysuwali głowy pływacy. Ich zawody odwołano, gdyż badanie wody przed startem wykazało obecność sporej ilości cyjanku. Komentowano to jako protest O.Ś.N. (Ochrona Środowiska Naturalnego) przeciw zatruwaniu wód przez wielkie mocarstwa. Już poprzednio mimo stałej wymiany wody uzyskiwano bardzo słabe czasy. Wiązało się to ze zmianą założeń taktycznych: falstarty stały się anachronizmem, a faworyci zostawali dłużej na starcie, obserwując reakcje płynących już kolegów.

Na godzinę 12 wyznaczona była konferencja prasowa w centralnym bunkrze olimpijskim, na której lord Killanin zająć miał oficjalne stanowisko wobec protestu kilku uboższych krajów środkowoeuropejskich przeciw dopuszczeniu znacznie lżejszych koszulek kuloodpornych z tworzyw sztucznych typu „Maraton". Wiązał się z tym także problem złotego medalisty w biegu na 10 tysięcy metrów, który natychmiast po ukończeniu biegu pozował w „Maratonie" i hełmie „Pokój" do zdjęć reklamowych. Niejasna była także sytuacja w biegu na 100 metrów. Sprinterzy biegli w asyście specjalnie przeszkolonych karabinierów z obstawy. Otóż jeden z karabinierów, mimo obciążenia torbą z granatami, wyprzedził na mecie stawkę biegaczy. Lokalna, skrajnie nacjonalistycznie nastawiona prasa, zrobiła z tego skandal, domagając się przyznania mu medalu.

Wysoko w górze rozwinęły się wielobarwne czasze spadochronów. Było to rezultatem negocjacji z terrorystami, którzy zgodzili się zwrócić tą drogą uprowadzoną w pośpiechu niewłaściwą drużynę piłkarską. Był już najwyższy czas po temu, bo rewidowana i przesłuchiwana od trzech dni publiczność, czekająca na finał, zaczynała z wolna okazywać zniecierpliwienie.

Nagle na ekranie aparatu radarowego pojawił się rosnący z wielką szybkością czarny pulsujący przedmiot, rozdzwoniły się sygnały alarmowe. Szef ochrony III sektora bunkrów olimpijskich spojrzał po raz ostatni na zegarek. Zmagania olimpijskie weszły w decydującą fazę.

Nowy Meksyk

Bernal Diaz del Castillo, obywatel bardzo wiernego miasta Santiago de Guatemala, zaciekły miłośnik pokoju, zawarł w swoich pisanych na zamówienie Jego Królewskiej Mości króla Hiszpanii żołnierskich zapiskach* obiektywny obraz powstawania na miejsce starego Meksyku — Meksyku nowego, zwanego niekiedy dla uproszczenia Nową Hiszpanią. Oto na początku XVI wieku pomijani dotąd przez Opatrzność Aztecy otrzymali dzięki oddziałowi Corteza szansę zetknięcia się z przodującymi zdobyczami hiszpańskiej cywilizacji. Oswobodzenie Meksyku od Meksykanów było zwycięstwem postępu, sprawiedliwości i moralności wyższej nad niższą, słusznie dokonanym kosztem niższej.

Oczywista, jak każdy postęp, także i ten dokonywał się w trudzie i znoju, przy czym męczyła się nie tylko strona hiszpańska, ale i aztecka. Oddział Corteza nie wszędzie witany był równie owacyjnie. Było to wynikiem niejednakowego wyrobienia indiańskiej ludności.

Wielu Hiszpanów przypomniało sobie, że widziało grupę dwóch, a może i trzech Indian machających z brzegu włóczniami do nadpływającego Corteza, co wszyscy żołnierze zinterpretowali jednoznacznie jako zachętę do wylądowania i dokonania dzieła wyzwolenia. W tej sytuacji przydomek Cortez Oswobodziciel, nadany hiszpańskiemu wodzowi przez jego oddział, jest w pełni uzasadniony. Notabene także władca Azteków, wielki Montezuma, król

---

* Diaz del Castillo Bernal — *Pamiętnik żołnierza Korteza...*, MON, 1962, przeł. Anna Ludwika Czerny.

Meksyku, w pierwszej fazie stosunków z Hiszpanami wykazał wiele zrozumienia dla postępu. Montezuma był politykiem realistą — kiedy opisano mu działanie armaty, przyjął Corteza z otwartymi ramionami. Niestety, najbardziej nacjonalistycznie nastawione elementy azteckie zmusiły go wbrew sobie do zmiany stanowiska, w związku z czym popadł w awanturnictwo i stoczył się na pozycje wroga postępu, za co też poniósł zasłużoną karę razem ze swoimi przeciwnikami i zwolennikami.

W sumie, jakkolwiek Aztekowie zyskali na tym więcej, to i Hiszpanie wznieśli się o szczebel wyżej w rozwoju struktur społecznych. Na oczach Azteków dokonał się awans całego pokolenia prostych hidalgów, którzy obejmować zaczęli eksponowane stanowiska, rozwijając siłą rzeczy swą wiedzę i pogłębiając doświadczenie. Przy czym zetknięcie z niższą cywilizacją znacznie umocniło ich dobre samopoczucie i utwierdziło w nich świadomość sukcesu.

Oczywiście Aztekowie zyskali nierównie więcej, że wymienię tylko: konia, koło, dużego psa, oswojoną świnię, armatę, brygantynę, trwały spokój i możność nauczenia się języka hiszpańskiego, w związku z czym przeoczeni w trakcie wyzwalania tubylcy mogli przeczytać pamiętnik Bernala Diaza del Castillo, zapoznać się z obiektywną wymową faktów i ugiąć się przed ich żelazną logiką. Ta część Azteków z pełnym zrozumieniem i całkowicie bezinteresownym entuzjazmem przystąpiła do usuwania ruin starego Meksyku i wznoszenia na ich miejscu nowego.

Wielką zdobyczą Azteków było pozbycie się złota. Położyło to kres spekulacji, uprawianej przez szamanów, kryjących się pod maską pseudopatriotów, obniżyło stopę podatkową ludności i wpłynęło wydatnie na obniżkę cen w nowym Meksyku, a co za tym idzie, na wzrost stopy życiowej, przy czym nadwyżki obracali Indianie na nowe mądre inwestycje, chętnie lokując pieniądze w to, co dało się wypracować pospólnie.

Niestety, w szeregi Corteza wcisnęła się grupa antypostępowych szumowin, w związku z czym część ludności, zwłaszcza ta nie w pełni uświadamiająca sobie swoje zdobycze, a również i ta, która je sobie uświadamiała, padła ofiarą prowokacji. Niesłusznie wielu Indian miało o to pretensje do Corteza, gdyż o faktach tych Cortez nie wiedział, nie mógł wiedzieć i nie chciał wiedzieć. Cortezowi udało się zresztą ująć sprawców i przesunąć ich na inne stanowiska, co było tym bardziej słuszne, iż piastowanie przez nich poprzednich stanowisk z uwagi na wyludnienie zarządzanych przez nich prowincji zupełnie mijałoby się z celem.

Zarzuca się Cortezowi, że nie dbał o aztecką sztukę. Ale hiszpańskiemu przywódcy wcale się ta sztuka nie podobała, zdecydowanie jej nie lubił, drażniły go zwłaszcza pióropusze. Rzecz miała się odwrotnie: wiele z doświadczeń i zdobyczy Corteza zapisało się złotymi zgłoskami w księdze kultury europejskiej, choćby wprowadzenie takiej nowinki, jak oddziały policji, które przez cały dzień zabezpieczały spokojny sen Azteka.

Obiektywizm kronikarza Corteza nie może i nie powinien budzić wątpliwości. Podkreślić chciałbym także szczerość, ujmujący ton i proste, trafiające do serca słownictwo Bernala Diaza del Castillo, jego odrazę do minoderii i optymizm. Rzecz prosta, ułatwiał mu zadanie fakt, że wydarzenia układały się po jego myśli. Ale tak się dzieje zawsze, kiedy człowiek staje po właściwej stronie walca historii. Stąd wiara i nadzieja bijące z całego utworu, który stać się winien wzorem postawy moralnej prostego hiszpańskiego zdobywcy-patrioty.

Cortezowi też się zresztą ten pamiętnik podobał. Czytał go w pierwszej redakcji i nawet nie musiał wiele zmieniać, poprzestając na konsultacjach indywidualnych, w czasie których wskazał konieczność przesunięcia paru akcentów, w tym usunięcie fragmentu zawierającego opis słów wypowiedzianych przez Montezumę przed śmiercią, niewartych utrwalenia, zwłaszcza że polityk ten już nie żył. Cortez zaś zdawał sobie sprawę z szerokiego oddziaływania sztuki pamiętnikarskiej na morale całego oddziału.

Wyzwolenie Meksyku z punktu widzenia Corteza było z całą pewnością aktem postępu. Punktu widzenia Azteków nie znamy.

Chłodno, ale przyjemnie 1

Do stolicy starej poczciwej Anglii przybyłem w kurtce z demobilu i w zielonkawych spodniach. Ten strój, dyskretnie podkreślający mój przychylny stosunek do służby wojskowej i jednający mi w kraju życzliwość władz kinematografii, redaktorów gazet i patroli milicyjnych, został chłodno przyjęty w Londynie. Gorzej byłoby tylko, gdyby przyjechał ze mną tłumacz i znawca obyczajów Henryk Krzeczkowski, który nosi czarny beret i ma włosy w kolorze bizantium-gold. W Londynie nastały bowiem ciężkie czasy dla rudych.

Wprawdzie doświadczona matka ostrzegała mnie przed wyjazdem: „Uważaj, Janku, tam są bomby", ale i ona nie przewidziała, że uda mi się trafić w sam środek mody męskiej lansowanej przez terrorystów z Irlandzkiej Armii Republikańskiej, a zwłaszcza jej najradykalniejszego skrzydła Provos, które powołało do życia elitarną Great Britain Brigade.

Brygada ta, występująca, jak wiadomo, w imieniu dyskryminowanej katolickiej mniejszości Irlandii Północnej, stawia sobie za cel nakłonienie Anglików, aby wyrazili zgodę na przyłączenie Ulsteru do Irlandii, i wstrząśnięcie sumieniami londyńczyków przy pomocy wysadzania ich w powietrze. Rzecz realizowana jest zgodnie z założeniem taktycznym: „Podpalenie pudełka kartonu w Anglii robi nam większą publicity niż zamach bombowy w Belfaście".

Zdając sobie sprawę z odpowiedzialności za słowo, nie będę pisał, jak działają podkładane ostatnio niemal codziennie w londyńskich pubach bomby, by nie zachęcić wysnobowanego warszawskiego odchyleńca do ślepego naśladownictwa. Powiem tylko, że działają źle na organizm wysadzanego, są niezdrowe.

Popularność IRA rośnie z dnia na dzień. W dwa dni po przybyciu, kiedy udawałem się z wizytą kurtuazyjną, niosąc pod pachą 1 kg cukru w kostce i pół bochenka chleba mazowieckiego, zostałem otoczony przez patrol policji angielskiej. Pierwsza rewizja dokonana nie przez swoich na ulicy to bądź co bądź pewne przeżycie. Wprawdzie sądziłem, że angielskie władze bezpieczeństwa są doinformowane i wiedzą, że wśród paru rzeczy, których w Polsce nie ma, nie ma także terrorystów zainteresowanych w wystarczającym stopniu sporami religijno-narodowymi w Ulsterze. Z drugiej jednak strony poprzedniego wieczoru telewizja angielska pokazała jak najbardziej reklamowane przez prasę widowisko: angielski reżyser i autor scenariusza twierdził, że powstało ono na podstawie opowieści jego przyjaciela, popularnego w Anglii aktora Zbigniewa Cybulskiego. Rzecz pomyślana została według naszych sprawdzonych wzorów: aktorowi grającemu główną rolę co jakiś czas staje przed oczami wspomnienie z partyzantki — wrogi patrol, warczący pies owczarek; wtedy czuje mus, wybiega z domu i bez przyjemności zdradza żonę Angielkę. Słowem, policjanci mieli powody, żeby mi nie ufać. Do tego przyciskałem do zielonej kurtki cukier, który w związku z kryzysem szmugluje się z Francji zamiast marihuany, no i chleb — a właśnie rozpoczął się w Londynie ośmiodniowy strajk piekarzy, którego nie były w stanie zrównoważyć rzucone na rynek crackersy w różnych atrakcyjnych smakach.

Następnego dnia zrezygnowałem z zielonej kurtki na rzecz apolitycznej marynarki. Było mi chłodno, ale przyjemnie. Zresztą w Londynie na ulicach jest często cieplej niż w mieszkaniach, bo ulice ogrzewają się od państwowych sklepów, a mieszkania nie. W większości domów, dopiero kiedy się wrzuci monetę do automatu, to centralne zaczyna grzać, czyli zależy to od stylu życia, stanu zamożności i niektórych upodobań właściciela. Na przykład ulubioną lekturą jednego z najlepiej zarabiających adwokatów angielskich, któremu podrzuciłem żywnościówkę (cukier, chleb), jest *Czarodziejska góra*, w którym

113

to utworze Joachim wyjaśnia przed śmiercią swemu kuzynowi wszystkie korzyści, jakie wynikły dla jego zdrowia z oziębienia organizmu. Tak więc adwokat ów poruszał się po swym dziesięciopokojowym mieszkaniu w szalu wprawdzie, ale brawurowo rezygnując z rękawiczek i gołą dłonią ściskając ulubionego Manna albo *Psy wojny* Forsytha. W rozmowie napomknął nieoczekiwanie, iż jego jedna kuzynka jest z domu El Khalef, co mogło być przypadkiem, ale może też mieć poważniejsze znaczenie.

I tego wieczoru IRA przy pomocy wybuchu na stacji Victoria próbowała kolejny raz zwiększyć zainteresowanie londyńczyków losem mieszkańców Ulsteru. Anglicy nie bardzo wiedzą, co z tym robić. Mianowicie protestancka większość, zajmująca kluczowe stanowiska w administracji Ulsteru, jest zdecydowanie przeciwna przekształceniu się w dyskryminowaną mniejszość, co nastąpiłoby w momencie połączenia kraju z katolicką Irlandią. Na dowód powołali prywatną armię Stowarzyszenia Obrony Ulsteru i przypominają gwarancje angielskie, że połączenie nie nastąpi, dopóki ludność nie wyrazi na to zgody w plebiscycie. Anglikom nie wypada się wycofać, a na razie poprawiają sobie samopoczucie mocarstwowym widowiskiem telewizyjnym o Winstonie Churchillu, ułożonym, reżyserowanym i granym przez Richarda Burtona. Co z tego, kiedy zaraz po programie spiker poprosił londyńczyków, aby niezwłocznie reagowali, jeśli siedząc przy barze, poczują, że uwiera ich w kolano teczka niewiadomego pochodzenia. To bowiem najbardziej konwencjonalny sposób wstrząsania sumieniami, obok bomb-listów wkładanych do skrzynek oraz, co jest już pójściem na łatwiznę, wrzucania bomb przez okno.

Następnego dnia dziennikarze z BBC, chcąc popisać się zdyscyplinowaniem ludności i siłą oddziaływania TV, podłożyli w kilkudziesięciu pubach kilkadziesiąt teczek i po paru godzinach daremnego oczekiwania na jakąkolwiek reakcję musieli je sami wynieść. Co ciekawsze, nikt żadnej z teczek nie ukradł, chociaż, jak zapewniał mnie znajomy naukowiec stypendysta, niektóre były ze świńskiej skóry. IRA zaś, chcąc uniknąć pewnego automatyzmu w swych apelach do ludności, wprowadziła ostatnio pewne urozmaicenie w postaci tak zwanych Come on bomb. Wybucha pierwsza bomba, przyjeżdżają karetki pogotowia i policja, gromadzą się ludzie i wtedy w tym samym miejscu wybucha druga bomba rozpryskowa o dużym promieniu rażenia. Ta pomysłowa inicjatywa, stosowana już zresztą od dawna w Belfaście, przechodzi tam bez większego wrażenia, ale wprowadzona po raz pierwszy w końcu listopada w Londynie stanowiła bądź co bądź pewną ciekawostkę. W związku z tym w gazecie zobaczyłem zdjęcie księcia Edynburga odwiedzającego w szpitalu jednego z rannych, przy czym sam książę prezentował się znacznie korzystniej niż jego gospodarz, dalsi deputowani w Izbie Gmin jeszcze energiczniej zaczęli żądać przywrócenia w Anglii kary śmierci, inna gazeta przypomniała, że stopa życiowa w Ulsterze — także dyskryminowanej katolickiej mniejszości — dzięki angielskim dotacjom jest znacznie wyższa niż w Irlandii i że to wszystko w ogóle wychodzi bardzo drogo. „Evening Standard" poinformował, że wybuch był słyszalny w pałacu Buckingham, i wyraził zadowolenie, że królowej nie było w domu, więc się nie zdenerwowała, ale mężczyzna, który usiłował wykorzystać pobliską eksplozję, aby przesunąć się o parę miejsc do przodu w kolejce na wieczorny seans filmu *Emmanuelle*, został natychmiast przywołany do porządku.

Chłodno, ale przyjemnie 2

Wieczorem przed dyskoteką zaintrygowany pasją, z jaką małoletni funkcjonariusz lokalu — bez wprawy krajowego wykidajły, bezbłędnie wyciągającego Ci, Czytelniku, z rękawa neutralny politycznie sprężynowiec przeszukiwał moje nogawki, zagadnąłem go, aby nie tracić czasu, o co tak naprawdę idzie z Irlandią. Patrząc mi głęboko w oczy odpowiedział: „Bóg jeden wie".

Podobną opinię wyraził następnego dnia rano pewien zaprzyjaźniony ze mną, łagodnie hippisujący prozaik. Spotkałem go, kiedy szedł jak co dzień na Trafalgar Square, aby „usiąść i popatrzeć, jak się rozpada imperium". Spędziłem tam nieco czasu, przy czym jeden z jego przyjaciół wspominał z uznaniem wysoką jakość naszej stali chromowanej, nierdzewnej. Okazało się, że był on w swoim czasie szczęśliwym posiadaczem motoru, udostępnionego londyńczykom przez jedną z naszych firm, i kiedy występował w telewizji, kasując nasz wyrób za pomocą siekiery, musiał się zdrowo namęczyć. Kiedy pochwaliłem go za protest przeciwko absurdalnemu rozwojowi cywilizacji technicznej, wyznał, że kierował się niższymi uczuciami, rozbudzonymi niemożnością uzyskania części zamiennych. Wyjaśniłem, że jeżeli opanujemy rynek jakiegoś kraju poprzez sprzedanie tam dziesięciu motocykli, to dla fantazji ich właścicieli nie będziemy utrzymywać serwisu. Przyznał mi rację, zwłaszcza że kilkadziesiąt metrów dalej ubrany „retro" mężczyzna demolował miarowo swój samochód typu Jaguar, kopiąc drzwiczki i kąsając tapicerkę. „Iii — pomyślałem — nie jest źle — osławione opanowanie zaczyna się wyczerpywać". Wandal samochodowy czekał przez pół godziny w kolejce na chleb — rzeczywiście nadeszło parę bochenków, ale nie dla niego. Rozgoryczony niesolidnością łamistrajków reagował tak prymitywnie. Filmu *Emmanuelle* nie reklamuje się w ogóle, bo nie ma po co i dokładnie nie wiadomo jak. Akcja filmu rozgrywa się współcześnie w środowisku ambasadorów w Singapurze. Zachodni dyplomaci brak postępowych doktryn politycznych, a zatem możliwości wyżycia się w pracy zawodowej, kompensują sobie, po godzinach, pornografią i okrucieństwem (nie są usprawiedliwieni trudnym dojrzewaniem w partyzantce leśnej).

Poza *Emmanuelle* kasę robi, ale nie nam, bardzo amerykański (z lekka Bullittowaty) film *Chinatown* Romana Polańskiego, reżysera, który swą popularność w Polsce zawdzięcza głównie temu, iż wspomniał o nim Krzysztof Kąkolewski w książce pt. *Jak umierają nieśmiertelni.*

Dobrze idzie *Nocny portier,* reklamowany jako najbardziej kontrowersyjny film ostatnich lat. Młoda żydowska dziewczyna spotyka po latach swego znajomego z obozu zagłady, oficera gestapo, granego dyskretnie przez Dirka Bogarde'a. W obozie między młodymi nawiązało się uczucie, realizowane w pozycjach kat-ofiara-kat. Obecnie dziewczyna zjeżdża w towarzystwie swego męża, wybitnego dyrygenta, do wiedeńskiego hotelu, w którym piastuje stanowisko nocnego portiera nasz gestapowiec. Po wstępnych niesnaskach owa para odnajduje w małym mieszkaniu porywy młodzieńczych uczuć, dość szokujące dla nieznających się na rzeczy, ale na pewno ciekawsze od propozycji męża razem z jego bezsensownym Beethovenem. Tak więc bohaterowie zabawiają się szczęśliwie, przypalając się papierosami wśród szczęku zaimprowizowanych łańcuchów i odpoczywając potem na równo tłuczonym szkle. Sielankę zakłóca spora grupa kolegów gestapowców z obozu, którzy żądają zgładzenia dziewczyny jako niebezpiecznego świadka. Nie będę ukrywał pewnego usatysfakcjonowania faktem, iż ową odświeżającą wersję *Love story* nakręciła kobieta, pani Liliana Cavani. Utwierdza mnie to w wierze w możliwości kobiet, także zajmujących się twórczością artystyczną. Gdyby u nas rzeczywiście instytucja kin studyjnych była po to, po co powinna być, a nie po zupełnie co innego, to *Nocnego portiera* powinno się tam pokazać.

Z paroletnim opóźnieniem obejrzałem *M.A.S.H.*, gawędę w obrazach o wojskowym szpitalu amerykańskim w czasie wojny w Korei, nagrodzoną w swoim czasie na festiwalu w Cannes. Ordynator i jego ludzie operują ciężko rannych na kilku sąsiadujących ze sobą stołach w drewnianym baraku, prowadząc równocześnie lekką konwersację towarzyską, popijając whisky i pożyczając lancety od kolegów, którzy skrócili już swoich podopiecznych. Co jakiś czas gaśnie światło, co chirurdzy z rękami zanurzonymi w brzuchach pacjentów kwitują pełnym rozczarowania „Uuuu!". Żołnierzowi z przeciętą tętnicą na szyi lekarz zatyka ranę palcem, po czym odwracając się za atrakcyjną pielęgniarką, macha do niej ręką, zapominając o ranie. Krew z przeciętej tętnicy sika miarowo na sąsiedni stół operacyjny — zanim lekarz wróci do pełnienia swych obowiązków, blokując tętnicę palcem. Nasz film *Nagrody i odznaczenia*, też dziejący się w szpitalu wojskowym, jest o wiele atrakcyjniejszy i pod względem ideowym, i pod względem wyposażenia w instrumenty medyczne.

Filmy Cormana *Przeklęta mama* i *Wściekłe anioły* dopadłem na Portobello, dzielnicy znanej z tego, że gospodarz podzieli się tu z tobą ostatnim zastrzykiem. Seans trwał od 23 do 3 w nocy — do końca pozostało tylko kilkunastu młodzieńców, wyglądających równie obiecująco, jak ich koledzy z formacji „Wściekłe anioły" na ekranie. Tak że odbiór ostatniej części filmu utrudniały mi rozważania, czy publiczność nie wykona ze mną i koleżanką, z którą byłem, czegoś ciekawego. Widocznie jednak film nie był dziełem sztuki i nie miał wystarczającej siły oddziaływania, gdyż nie zostaliśmy oboje wymóżdżeni ani choćby zgwałceni, a nawet — uśmiechniesz się, Czytelniku, obeszło się bez sflekowania, co nie minęłoby nas na pewno w czasie nocnego powrotu z kina Praha po filmie *Opowieść w czerwieni*, brawurowo wyreżyserowanego przez Henryka Klubę.

Angielska twórczość filmowa prezentowała się dość skromnie. Anglicy w ogóle nie mają uzdolnień handlowych. Amerykanie takim Indianom na przykład najpierw uspołecznili ziemię, okrzesując kolejno plemię po plemieniu, następnie nakręcili kilkadziesiąt filmów o tragicznych losach pionierów cywilizacji, wyprzedzających swą epokę i zamęczanych przez czerwonych łobuzów, potem, ponieważ wszystko szło aż za dobrze, zaproponowali wersję masochistyczną, w której Indianie to chodząca dobroć, a pionierzy cokolwiek przesadzali. Ostatnio zaś zobaczyliśmy filmy, z których wynika, że prawda była pośrodku. Słowem, parę razy wzięli pieniądze, by nie wspominać o areale gruntów uprawnych, za to samo i jeszcze im to przyniosło sukces w dziedzinie sztuki. Anglicy z Irlandią mają same straty. Żeby film jakiś chociaż albo co...

Historyczne pytanie i historyczna odpowiedź

Tyberiusz zapowiadał się jako chwiejny, miękki i nie-
zdecydowany. Strasznie długo nie chciał przyjąć cezarowa-
nia, choć w istocie od dawna już cezarował. W końcu na
jedenastej sesji senatu, której porządek dzienny przewidywał jak zawsze, jako jedyny punkt, namawianie Tyberiusza, jeden z senatorów krzyknął (cytuję za Swetoniuszem):
„Albo niech przyjmie, albo niech się usunie!", wtedy to
obiektywny interes społeczeństwa wziął w Tyberiuszu górę
nad subiektywnym i Tyberiusz pozwolił ostatecznie powo-
łać się na stanowisko Boga. A nazwisko tamtego senatora
kazał zapisać. Następnie w szybkiej odpowiedzi na suges-
tię Tyberiusza senat zasugerował, żeby Tyberiusz mianował na stanowisko pierwszego ministra wybitnego specja-
listę w dziedzinie administracji państwowej, prefekta
zjednoczonych kohort pretorianów, Eliusza Sejana, zwanego Sejanusem.

Sejanus dzielił ludzi na dwie zasadnicze grupy: uzależ-
nionych szmalowo bądź tych, na których miał jakiś pa-
pirus. Innych ludzi Sejanus nie znał i w ogóle nie chciał ich
zapoznawać. Od pierwszego momentu urzędowania zajął
się on sprawą roztoczenia opieki nad rodziną cesarską. Do
tej pory rodziną opiekowano się źle, w związku z czym
ona stale się powiększała. Na skutek wzrostu dynamiki opieki rodzina cesarska zaczęła się natychmiast zmniejszać.

Praworządność Sejanusa była wprost przysłowiowa. Po
pierwsze rodzina cesarska dokładnie w dniu objęcia stanowiska przez Sejanusa rozpoczęła kampanie jadowitych spi-
sków przeciw cesarskiemu majestatowi. Na szczęście Sejanus zorientował się w porę, obnażył całą potworność tych

nikczemnych knowań i ukazał ją oczom prawdziwych Rzymian. Po drugie — Sejanus był wspaniałomyślny, a w szczególności czuły na skargi dziewic. Toteż nie skazał on nigdy żadnej dziewicy, mimo że cały naród rzymski od dziecka do starca domagał się jednym głosem: „Sejanusie, ukrzyżuj!".

Sejanus w tej sytuacji miał odwagę sprzeciwić się głosowi opinii publicznej, podjąć decyzję niepopularną i kategorycznie nie ukrzyżował, a nawet przeciwnie, kazał udusić. Ponieważ prawo rzymskie nie zezwalało na karanie śmiercią dziewic, Sejanus odwoływał się przy tym do instynktu państwowego kata. Odwołanie spotykało się ze zrozumieniem. Kat podjął długoterminowe zobowiązanie, że zanim udusi, zdefloruje. A kat był taki człowiek, że jak powiedział tak, to to znaczyło tak.

Ale nawet Sejanus miał wrogów. Wrogowie rozbudzali wątpliwości, czy był on na pewno głęboko z Rzymem związany. Niektórzy mówili, że na pewno tak, ale niekoniecznie. Że maskuje to za pomocą prześladowania wszystkiego, co niekoniecznie rzymskie.

Cesarz Tyberiusz miał do Sejanusa słabość oraz wdzięczność za roztoczenie opieki nad rodziną. Ale nadszedł moment, że ta opieka przestała być potrzebna, bo z całej rodziny został tylko sam jak palec Tyberiusz, nie licząc pojedynczego małolata, który był tak dobrze schowany, że nie można się nim było w żaden sposób zaopiekować, a który zapisał się później złotymi zgłoskami w historii Rzymu pod nazwiskiem Kaliguli. Natomiast Tyberiusz był stale na widoku.

Wtedy nagle okazało się, że rodzina Sejanusa jednak pochodziła z Syrii, na co wskazywał wyraźnie syryjski akcent zniekształcający piękno ojczystej łaciny, po drugie — Sejanus dnia nie stracił, nocy nie zaspał, tylko knuł złowrogie spiski.

Na szczęście dla całego świata cywilizowanego jeden agnes in rebus, zatrudniony umownie na stanowisku dziesiętnika, został w porę powiadomiony, o co się tu rozchodzi, i także w porę powiadomił o tym osoby odpowiedzialne, a one — osobę zainteresowaną. W tych okolicznościach Sejanus otrzymał zaproszenie na nadzwyczajne posiedzenie senatu.

Udał się tam w towarzystwie 4 tysięcy pretorianów, których zostawił przed wejściem. To polityczne gapiostwo zemściło się zresztą na nim, ponieważ z chwilą, gdy przekroczył próg, okazało się, że pod portalem jest ukryta sprowadzona za ciężkie talenty z Chin przez tegoż Sejanusa zapadnia, o czym jednak Sejanus w danej chwili zapomniał.

Wziął on tedy udział w nadzwyczajnym posiedzeniu senatu, ale z dołu. Na posiedzeniu tym obnażono go, a także zdemaskowano.

Pretorianie znudzeni bezpłodnym oczekiwaniem wdarli się do senatu, rozejrzeli i zadali historyczne pytanie: „Gdzie jest Sejanus?", na które usłyszeli historyczną odpowiedź: „A kto to jest Sejanus?".

Przy okazji chciałbym nadmienić, że ów szlachetny dziesiętnik został powołany na stanowisko setnika, co może służyć jako nauka i zachęta.

Wkrótce potem Tyberiusz wycofał się z życia publicznego na czas dłuższy i zajął się życiem baletowym.

Tyberiusz na Capri

Tyberiusz już od dłuższego czasu na każdym posiedzeniu senatu mówił, że jest zmęczony i zamierza się wycofać. Potem dodawał, że o ile poprzednio oczywiście żartował, to tym razem mówi poważnie. A Tyberiusz był taki człowiek, że strach mu było wierzyć, ale strach też nie wierzyć, w związku z czym po jego słowach senatorowie wybuchali gromkim szlochem, uważając, że lepiej jest płakać bez powodu.

Zniechęcenie Tyberiusza powiększyło się, kiedy na jednym z posiedzeń senatu pewien ociężały umysłowo setnik, referując sprawę wykrytego spisku, przytoczył wszystkie zarzuty i obelgi, jakimi grupka kliki zmownej obdarzyła cesarza. Senatorowie natychmiast podnieśli wrzawę, starając się go zagłuszyć. Parę słów dotarło jednak do cesarza i wywarło na nim tak wstrząsające wrażenie, że Tyberiusz wyciągnął sztylet, chcąc z miejsca odparować zarzuty, i uspokoił się z największym trudem. Od tej chwili w postępowanie cesarza wkradła się pewna nerwowość. Wydał on mianowicie edykt, nakazujący kapłanom stosowanie przy najważniejszych ofiarach o charakterze religijno-państwowym noża miedzianego zamiast stalowego. Aby zaś odeprzeć stawiany mu przez spiskowców zarzut okrucieństwa, wprowadził ustawę zabraniającą wykonywania wyroków śmierci przed terminem dziesięciu dni, w czasie których senatorowie bądź cesarz mieli prawo wnieść apelację. Przy tym od razu w konkretnej sprawie wspomnianego spisku, a także w innych, osobiście dał przykład niekorzystania z tej ustawy i zabronił z niej korzystać.

W związku z powtarzającymi się zarzutami prowadzenia zbyt wystawnego życia obciął płacę aktorom i ograniczył liczbę gladiatorów do niezbędnego minimum. Wydał też ustawę ograniczającą gromadzenie sprzętów i zabronił wystawiania na sprzedaż ciast i pierników. A chcąc to poprzeć osobistym przykładem, kazał podawać w czasie uroczystych przyjęć potrawy wczorajsze i napoczęte, choćby ową połowę dzika, zapewniając, że posiada ona te same zalety co cały dzik. Ponieważ zaczął strasznie chudnąć, udał się na kilkunastoletni wypoczynek na wyspę Capri, gdzie zaczął spotykać się z młodzieżą. Młodzież rzymska nie mogła narzekać na brak więzów z Tyberiuszem. Nawet prosty niemowlak otrzymywał szansę kontaktu. Tyberiusz zatrudniał się mianowicie w charakterze matki i dawał mu to, co miał najlepszego do wyboru. Już to sutkę, już to niesutkę. Zorganizował ponadto ekipę młodocianych nurków- -flecistów, którzy uprzyjemniali mu kąpiele niekoniecznie muzyką. Cesarz zapisał się też złotymi zgłoskami w historii Rzymu jako twórca znanego potrójnego układu baletowego, tzw. spintrie, co w tłumaczeniu na język polski można wykonać jako parowóz. Raz w wieku sędziwym nie mogąc się skupić na modlitwie z winy dwóch przystojnych dziesiętników, postanowił usunąć tę przeszkodę, co też z obydwoma natychmiast zrobił. Po czym ojcowską ręką kazał połamać im golenie, żeby już nigdy więcej nie przeszkadzali mu w skupieniu.

Tyberiusz kochał stare i piękne malarstwo, chociaż nie każde dzieło sztuki jednakowo go poruszało. Najbardziej ukochał dzieło sławnego mistrza palety, Parraziusza, na którym artysta uwiecznił Meleagra i Attalantę w układzie dwucyfrowym. Za brak zrozumienia dla układów dwucyfrowych Tyberiusz bywał surowy i bezwzględny.

Zaproszenie od Tyberiusza na Capri można było otrzymać stosunkowo łatwo, opuścić jednak wyspę było stosunkowo trudno. Zaproszenia napływały najczęściej na adres osoby, z której cesarz zamierzał korzystać bądź czasowo, bądź ostatecznie. Tyberiusz był tak gościnny, że nie mógł pogodzić się z odjazdem zaproszonych. W jego imieniu żegnała ich więc ekipa specjalnie przeszkolonych marynarzy, którzy zresztą nigdy nie wypływali na morze i celowali w służbach lądowych. Kiedy ponad miarę napojeni winem goście udawali się do toalety, marynarze robili im supła, co stawiało pod znakiem zapytania celowość dalszego przebywania w tejże. Toaleta miała ujście do morza i aby zaoszczędzić zebranym bólu pęcherza, spuszczano z wodą zasupłanych gości w morskie odmęty za pomocą drągowania i bosakowania. Całe życie cesarza miało taki właśnie harmonijny przebieg. Nawet na łożu śmierci Tyberiusz oświadczył zebranym wokół siebie spintriom, że nadal pozostanie wierny samemu sobie. Chciał jeszcze coś dodać, ale nie pozwolono mu rozwinąć myśli, najszczelniej otulając go kocami. Wśród pogrążonego w żałobie ludu zapanowała kontrowersyjność, przy czym górę brały okrzyki: „Tyberiusz do Tybru" — sugerujące to rozwiązanie jako najprostszy sposób okazania zmarłemu czci, a także złożenia mu hołdu.

Senat jednakże dla większego bezpieczeństwa zdecydował się na miejscu spalić jego zwłoki, mimo że istniało niebezpieczeństwo zaprószenia.

Abiit non obiit

Attalos III, król Pergamonu, panował zaledwie sześć lat, co jest dowodem, że utalentowany polityk nie potrzebuje wiele czasu, aby się wybić. Pogrzeb władcy stał się wielką, gorącą manifestacją solidarności z jego polityką. Przy czym rzecz ciekawa: uczucie to okazywali zmarłemu królowi nie tyle Pergamończycy, co Rzymianie. Na grobie króla z polecenia Krassusa wyryto sentencję: Abiit non obiit, co znaczy mniej więcej: Odszedł, ale pamięć o nim nie zaginie. Słowem, poznano się na nim za granicą. Był pierwszym i ostatnim władcą Pergamonu, którego Rzymianie w ten sposób uczcili. Zresztą następnych władców Pergamonu już nie było.

Attalos III bardzo liczył się ze swoim zdaniem. W związku z tym co parę miesięcy udzielał sobie szerokich wyjaśnień, tłumacząc sobie pewne posunięcia własnej polityki i informując się o przebiegu wojen. Zadawał sobie pytania i udzielał na nie odpowiedzi. Niekiedy zapędzał się w pytaniach za daleko, ale wtedy po prostu nie odpowiadał. W ten sposób i wilk despotyzmu był syty, i owca demokracji cała. Na zakończenie zresztą Attalos z reguły przyznawał sobie słuszność, po czym dziękował sam sobie za rozmowę. Dialogi te przeszły do historii jako rozmowy Attalosa III na Agorze.

Attalos III panował w znacznie gorszej sytuacji niż Attalos II, a co dopiero Attalos I, który nadał sobie słusznie przydomek Soter, co znaczy zbawca. Attalosowi I zostanie Soterem umożliwiała działalność Filetajrosa. Filetajros wykorzystał walkę między skłóconymi diadochami i zagarnął przechowywany w mieście Pergamon skarb Lizymacha.

Filetajros był eunuchem, ale był też żarliwym zwolennikiem zrabowania skarbu, stworzenia niezależnego państwa pergamońskiego i założenia dynastii. Żarliwość ta mimo wspomnianego defektu sprawiła, że Filetajros dynastię założył, dając świadectwo przewagi ducha nad materią. Jego potomek zaś Attalos I przyjął w 263 r. p.n.e. tytuł pierwszego króla Pergamonu.

Żadna władza nie lubi, jeśli gdzieś tam, na początku, są jakieś niedomówienia. Attalos III, król i człowiek w zasadzie bez wad, był odrobinę przeczulony na punkcie swojego pochodzenia. Poza tym, jak wspomniałem, ogólny układ sił nie był dla władcy Pergamonu korzystny. Skradziony diadochom skarb kończył się, zwycięskie wojny z Galatami i Bitynią zrujnowały chłopów i rzemieślników, a niewolnicy podnosili głowy. Wprawdzie Attalos potrafił zabezpieczyć sobie odpowiedni aparat i niewolnikom zaraz te głowy opuszczano, ale i kupcy narzekali na opanowywanie rynku przez sąsiednie, zaprzyjaźnione państwo rzymskie, z którego wpływami Attalos walczyć nie chciał i nie mógł.

A Rzym przeżywał w tym czasie cud gospodarczy: na rynek rzucono nowy typ amfory dwuusznej, oddano do użytku tzw. małą arenę Colosseum, uroczyście odsłonięto akwedukty, w powszechne użycie wszedł nagolennik, zamrożeniu uległy ceny niewolników, kładąc kres spekulacji i stabilizując rynek. Niewolnicy pracowali bardziej ochoczo, bo odzyskali dzięki temu poczucie swojej wartości, w którym poprzednio gubili się na skutek płynności cen. Dzięki nadsyłaniu, w miarę posuwania się legionów, dzieł sztuki z Grecji bardzo podniosła się kultura ogólna.

Attalos III przyglądał się temu z mieszanymi uczuciami: i zazdrościł, i podziwiał. Wprawdzie oficjalny kurs talenta pergamońskiego był niezły — za talent rzymski płacono dwa talenty pergamońskie, ale ceny na czarnym forum dochodziły do dwustu pergamonów za rzymiana. Garbarze, złotnicy i farbiarze chętnie płacili za prawo uprawiania rzemiosła, co poprawiło nieco sytuację, ale pewną dezorientację wywołał uchwalony przez króla odrobinę mechanicznie, wzorem rzymskim, podatek za konserwację urządzeń irygacyjnych, których w Pergamonie nie było, oraz przeniesiony z państwa Ptolemeuszy podatek na rzecz cmentarza krokodyli. Tu nawet Attalos trochę się wahał, ponieważ nikt w jego państwie nie wiedział dokładnie, jak wygląda krokodyl. W końcu jednak podatek wprowadzono w życie i ściągano go z powodzeniem, przy czym władca odwołał się tutaj do wyrobienia ludności, zapewniając siebie w rozmowach, że jest to podatek o charakterze przejściowym.

Jeśli idzie o sztukę, to najwyżej cenił władca, a co za tym idzie, naród, dwóch twórców: Teodorosa Eumenesa i Lipiniusa Manesa, znanego później w Rzymie pod artystycznym pseudonimem Publiusza. Jeśli idzie o technikę, Teodoros stosował fresk nowoczesny, natomiast rzeźbiarz Lipinius uprawiał intensywnie zaangażowaną technikę płytkiego rycia. Na dorocznym święcie, kiedy jak zawsze miano przyznawać nagrody Pergamonu, Teodoros namalował Galla na eklektycznej łące, Lipinius zaś rozpoczął rycie od przedstawienia Galata mordującego żonę i dzieci. Spojrzał na Attalosa, który skrzywił się, bo już w zeszłym roku przyznał Lipiniusowi za to nagrodę. Lipinius szybko wyjaśnił, że zobowiązuje się głowę Galata aktualizować, zależnie od tego, z kim Pergamon znajduje się i znajdować się będzie w stanie wojny, a widząc, że mimo wszystko Attalos nie okazuje entuzjazmu, odwołał go na bok i oświadczył, że dzieło konkurenta zawiera w sobie aluzje do władzy. „Ii... myślicie? — spytał sceptycznie Attalos, który znał już Lipiniusa dobre parę lat. — Niby gdzie ona?" — „A o" — pokazał Lipinius ogromne przyrodzenie Galla namalowanego przez Teodorosa.

Był to słaby punkt dynastii i Attalos stracił dystans. W związku z tym wysłał Teodorosa wraz z całą grupą ludności pergamońskiej, która nie była przekonana co do pewnych posunięć władcy, aby zapoznali się z nowymi technikami prac budowlanych. Ich rodziny zaczęły gwałtownie domagać się od Attalosa sprowadzenia delegacji z powrotem. Ponieważ były to prawie wszystkie rodziny w Pergamonie, więc cała nadzieja Attalosa była w legionach rzymskich.

Rzymianie bardzo niechętnie wtykali nos w cudze sprawy, ponieważ obawiali się, że pielgrzymi rozchlapią to po całym półwyspie. W związku z tym zaproponowali Attalosowi III, żeby to jakoś zalegalizował, z czego i lud się ucieszy, bo aliter cum tyranno, aliter cum amico vivitur, co oznacza, że zupełnie inaczej żyje się z tyranem, a inaczej z przyjacielem. Attalosowi się to porzekadło spodobało, a ponieważ ostatnio zapadł był na zdrowiu i wróżbici tylko dzięki ideowej żarliwości zdobywali się na niezłe horoskopy, postanowił ostatecznie zabezpieczyć los państwa. Władca wezwał tedy swój aparat i oświadczył, że zdecydował się zapisać państwo w testamencie Rzymowi.

Po czym, nie słuchając już podziękowań i gratulacji, rozłożył ręce i powiedział ze świetnym akcentem rzymskim: „Feci quod potui, faciant meliora potentes" — Zrobiłem, co mogłem, kto umie, niech robi więcej. — Tyle że właściwie nie było już dużo do zrobienia i wkrótce potem nazwa Pergamon wyszła z szerokiego użycia.

Epoka wielkiego rozmemłania

Zdecydowałem się ten tekst opublikować tylko dlatego, że dotyczy on dość niezwykłego momentu w historii w ogóle, a w historii Rzymu w szczególe. Omawiane wydarzenia będą dowodem kompletnego kryzysu instytucji formalnej demokracji, a właściwie — powiedzmy sobie szczerze — cezarowładztwa. Kryzys ten powstał na tle manewrowości administracji rzymskiej, która zajmowała się przesuwaniem sił i środków z cezara na legiony i z powrotem.

Niestety, nie zdało to egzaminu. Legiony popadły w stan frustracji, a kandydaci na cezara w stan ciekawego zniechęcenia. Senat z kolei bezzwłocznie zanurzył się w apatii. Wszystkim zwisło, co przypominało stan klęski żywiołowej wywołanej wybuchem Wezuwiusza, kiedy to gorąca lawa wypełniła Pompeję.

A działo się to po śmierci cezara Aureliana, który padł ofiarą aktywnej samoobrony swojego pierwszego zarządcy kopalni srebra. Jak wiadomo, kopalnictwo srebra było ostoją gospodarki rzymskiej. Otóż pierwszy zarządca, ulegając panikarskim pogłoskom, że srebro się kończy, podjął niezłomną decyzję o natychmiastowym przystąpieniu do wierceń o charakterze odkrywkowym. Przeprowadził je na terenie położonej centralnie na wzgórzu własnej willi, a mówiąc konkretnie — własnej piwnicy. Wiercił gorliwie i z zaangażowaniem, a mimo to — ciekawa rzecz — srebra się nie dokopał.

Tym niemniej wywiercona dziura była tak głęboka, że w gospodarskiej trosce o bezpieczeństwo willi (która zaczęła się obsuwać), całego wzgórza, a co za tym idzie — całego kraju, którego willa i wzgórze były częścią, podjął decyzję, aby dziurę czymś wypełnić od środka. Przy tym pierwszemu zarządcy nasunął się pomysł, aby zastosować do tego srebro przekładane złotem, a także diamentami. Ta innowacja technologiczna nie zyskała aprobaty cezara jako nieskonsultowana. Aurelian odwołał się tedy do inicjatywy oddolnej prefekta pretorianów wraz z jego kolegami, co zostało przyjęte burzą oklasków przechodzących w owację.

Inicjatywa oddolna prefekta pretorianów przekazana odgórnie przez Aureliana zmierzała ku nakarmieniu pierwszym zarządcą zgłodniałych zwierząt, które cezar zawsze trzymał na takie okazje w specjalnych kontenerach. Jednakowoż nadmiar przecieków doprowadził do niepotrzebnego rozdmuchania tego incydentu i tu, niestety, trzeba powiedzieć, że pierwszy zarządca dał się poznać od najgorszej strony.

Otóż dowiedziawszy się o sugestiach cezara, a także o oddolnej inicjatywie szerokich mas pretorianów, nieodpowiedzialnie wypaczył dokument historyczny, wstawiając w odręcznym piśmie cezara, zawierającym szczegółowy wyrok, przed i po swoim nazwisku, nazwiska trzydziestu czołowych przedstawicieli pretoriańskiego aktywu, co przynajmniej na razie nie leżało absolutnie w najbliższych planach cezara.

Skutek był natychmiastowy. Pretorianie, nie ochłonąwszy nawet ze zdziwienia rzekomą dwulicowością imperatora, zastosowali w stosunku do niego metodę likwidacji fizycznej przy pomocy czterech zakrzywionych noży, a także ran ciętych i kłutych. Wdrażając ową metodę, wybuchali co chwila gromkim szlochem, co było najpiękniejszym hołdem dla rozlicznych cnót przedwcześnie zgasłego cezara. Niestety, wówczas nie mógł on w pełni docenić ogromnej miłości i zaufania, jakim cieszył się wśród przedstawicieli swoich służb specjalnych.

Naturalnie, pierwszy zarządca został wkrótce potem zdemaskowany i poddany surowej krytyce poprzez trzydniowe łamanie kołem, połączone z ukrzyżowaniem do góry nogami i wbiciem na pal. Ta interesująca krzyżówka była rzymskim produktem antyimportowym, mającym wyprzeć szeroko propagowany przez wschodnich sąsiadów imperium zwyczaj zakopywania związanego osobnika w kopcu mrówek, połączony z obdarciem go ze skóry, przy czym skórę wieszano za włosy przed kopcem, aby podejrzany mógł uświadomić sobie swoją stratę, ogrom swojego ewentualnego występku i aby posłużyło to dla niego jako nauka i przestroga na przyszłość.

Jednakże sprawy z zarządcą nie udało się wyciszyć. W rezultacie senat i służby specjalne, i kierownictwo wojskowe kraju ogarnął niesmak i zniechęcenie, o którym wspomniałem na początku. Ciekawa rzecz, ale nikt nie chciał zostać cezarem, ani nawet pierwszym zarządcą kopalni srebra. Pretorianie biegali po ulicach i chwytali wytypowanych kandydatów, witając ich okrzykiem „Ave imperator". Ale ci wyrywali się i uciekali z Rzymu.

Było to wydarzenie zapierające dech w piersiach obywateli i wszystkich późniejszych historyków. Ciągnęło się to sześć miesięcy. Okres ten znany jest w dziejach Rzymu jako epoka wielkiego rozmemłania.

W końcu szczęśliwym wybrańcem ludu i nowym cezarem okazał się wnuk słynnego historyka Tacyta, zresztą również Tacyt, który ze względu na podeszły wiek, a także okresowy paraliż dolnych kończyn nie zdołał oddalić się w porę i z miejsca został wybrany cezarem. Był to człowiek przezorny. Tegoż samego dnia sporządził testament, a połowę skarbu cesarstwa wysłał do Indii, gdzie ambasadorem mianował swojego syna, także Tacyta, a radcą poselstwa swojego zięcia Katona, zwanego Trzecim.

Trzeba powiedzieć, że kierowała nim dialektyczna mądrość i wyczulenie na pewne trendy, które zresztą stosunkowo łatwo dawały się wyczuć.

W miesiąc później chichotał tylko, gdy prefekt pretorianów, zarzuciwszy mu satynowy szalik na szyję, dynamicznie pociągnął za oba końce.

Niestety, trzeba ze smutkiem zaznaczyć, że ani syn Tacyta, ani zięć nie chcieli wziąć udziału w uroczystościach pogrzebowych ku czci tragicznie zmarłego władcy, mimo wielokrotnych gorących zaproszeń prefekta, a także wysłania im na spotkanie 4 tysięcy pretorianów w charakterze asysty honorowej, który to oddział oczekiwał ich w lasku na granicy. W ten sposób przekonaliśmy się, jak często miłość rodzicielska nie zostaje odwzajemniona.

Tragedia Krassusa

W 73 roku p.n.e. powstał w Rzymie szeroki ruch o charakterze społeczno-politycznym pod nazwą powstanie Spartakusa. Trzeba podkreślić, że pretor Krassus przyjął wiadomość o narodzinach ruchu bardzo życzliwie, a najbardziej oświecona część senatorów powitała ją oklaskami. Bo jakkolwiek dla wszystkich było zupełnie oczywiste, że ustrój niewolniczy jest najlepszy na świecie i stojąc niewzruszenie na straży Pax Romana, w szerokim sensie zdał egzamin, to jednak nie można było przymykać oczu na pewne drobne niedoskonałości, które jakkolwiek były już w zasadzie zlikwidowane, to jednak gdzieniegdzie, od czasu do czasu, w szczątkowej formie jeszcze występowały. Dowodem tego był choćby wyżej wymieniony ruch o charakterze społeczno-politycznym, jak również korupcja, terror i bezprawie w skali całego imperium.

Tak więc, kiedy delegacja powitalna w składzie trzech legionów wysłana na spotkanie Spartakusowi nie powróciła, senat bezzwłocznie przystąpił do uchwalania zakrojonego na szeroką skalę programu reform.

Po pierwsze, postanowiono zastąpić ciężką żelazną obrożę noszoną przez niewolników na szyi cieńszą, bardziej estetyczną, połączoną z kajdanami nożnymi ozdobnym łańcuchem i wykładaną od środka kitajskim jedwabiem. Po drugie, zamrożeniu miały ulec ceny niewolników, kładąc kres spekulacji i stabilizując rynek. W związku z tym niewolnicy pracowaliby bardziej ochoczo, bo odzyskaliby poczucie własnej wartości, w którym na skutek płynności cen się gubili.

W dalszej perspektywie przystąpiono do prac przygotowawczych nad uchwaleniem karty gladiatora. Projekt przewidywał między innymi udostępnienie wyróżniającym się gladiatorom raz na kwartał kontaktu z niewolnicą płci odmiennej. Żeby taki gladiator, niewolnik z dziada pradziada, ofiarnie wykonujący odpowiedzialne obowiązki na arenie, mógł przed śmiercią wzbogacić swoją przybraną rzymską matkę-ojczyznę obfitym potomstwem i, co za tym idzie, miał motywacje. Bo jak taki gladiator przebijający dzidą albo tnący sztyletem nie ma motywacji, to pozostaje tylko czysta technika. A wtedy taki gladiator jest tylko karykaturą pięknej idei gladiatorstwa.

Równocześnie wysłano na spotkanie Spartakusowi nową delegację konsultacyjną w składzie sześciu legionów pod wodzą Wariniusa, która zaszła go od tyłu.

Był to piękny dzień w senacie, kiedy po przełamaniu oporu grupy twardogłowych niemal cały ten radykalny program (poza obrożą) został uchwalony. A ponieważ o delegacji konsultacyjnej Wariniusa było ciągle cicho, zaczęto nawet całkiem poważnie zastanawiać się nad wprowadzeniem niektórych jego punktów w życie. Kiedy jednak pomimo tego ruch się nie skończył, wśród najbardziej światłych senatorów — zagorzałych zwolenników porozumienia pojawiło się pewne rozczarowanie, które po rzuceniu przez zbuntowanych niewolników hasła: „Rzymianie na arenę!", przekształciło się w jawne zniechęcenie i zaczęto napomykać o użyciu słoni.

Krassus nie przeceniał zagrożenia. Uważał Spartakusa za realistę i był zwolennikiem negocjacji. Oczywiście pod warunkiem, że rozmowy będą się toczyły na gruncie poszanowania zasad ustroju niewolniczego i uznania kierowniczej roli pana.

Krassus znał zresztą Spartakusa osobiście. Był to bowiem ulubiony gladiator jego zmarłego wuja, demokraty do ostatniej kropli krwi, znanego z tego, że jak uderzył sandałem w stół, to większość senatorów się defekowała, a wytypowani notable chętnie uświetniali jego uczty popisami choreograficznymi. Spartakusowi powodziło się lepiej niż niejednemu rzymskiemu aktywiście i krążyły nawet pogłoski, że większość jego walk była z góry fingowana. Spartakus umawiał się po prostu z danym Trakiem czy Galem, i w zależności od tego co tamten wolał, zabijał go albo nie.

Krassus nie miał też nic przeciwko elementom celtyckim w otoczeniu Spartakusa, natomiast drażniła go i wyprowadzała z równowagi mafia greckich doradców. Grecy, jak każdy naród kupiecki, nienawidzili walecznego narodu rzymskiego. A naród rzymski pod postacią swego najlepszego syna i ojca Krassusa też ich nie lubił. Krassus próbował nawet przełamać w sobie to uprzedzenie, niestety, bez rezultatu.

Ciekawa rzecz, że greckich doradców nikt jakoś nigdy nie widział na arenie, natomiast ich gladiatorskie papiery były bez zarzutu. Doradcy wysuwali hasła jawnie ekstremistyczne i całkowicie nierealistyczne, napomykając nawet o zlikwidowaniu obroży w ogóle. Mało tego, przystąpili do szargania rzymskich świętości narodowych i symboli. Przy tym — co szczególnie jadowite — nie robili tego sami, tak że żadnego nie dało się złapać za brudną rękę. Natomiast wysyłali młodych Celtów, żeby publicznie profanowali wilczycę. Była to oczywista aluzja do wilczycy kapitolińskiej (lupa capitolica — przyp. J.G.) i wywołała powszechne oburzenie całego narodu, który zebrany od dziecka do starca maszerował po forum, wznosząc okrzyki: „Pax Romana, ale bez Spartakusa".

Krassus przyglądał się manifestującym szeregom patriotów rzymskich z pobłażaniem. Prawdę mówiąc, znacznie bardziej od Spartakusa niepokoił go senator Kwirynius ze swoimi zwolennikami.

Kwirynius miał program znacznie radykalniejszy od Spartakusa. Zamierzał mianowicie powiesić wszystkich oświeconych senatorów, a potem innych, z gladiatorami na końcu. Kwirynius szczególnie cięty był na greckich doradców. Zawsze mawiał, że: „Dobry Grek to nieżywy Grek". Kwirynius posługiwał się łaciną, ale tylko o tyle o ile, i przemawiając, wplątywał niekiedy zwroty samnickie. Krążyły słuchy, że przed laty kupił on obywatelstwo rzymskie od Greków, ci go strasznie nacięli i tego im nie mógł odpuścić: „Narodzie rzymski — nawoływał — rozepnij jeich (samnityzm — przyp. J.G.) na krzyżu nogami do góry".

Z kolei Grecy rozpuszczali pogłoski, że to Kwirynius osobiście przebrany w ateński chiton narodowy profanował wilczycę, którą imitował jeden z jego siostrzeńców.

W tej sytuacji najbardziej oświecona część senatorów rozkładała ręce, mówiąc: „Niestety, ale bez krzyża się nie obejdzie", w przeciwieństwie do najbardziej wstecznej części, która mówiła: „Na szczęście, ale bez krzyża się nie obejdzie". Krzyżowany niewolnik był zresztą oświeconej części senatorów w ostatniej chwili życia głęboko wdzięczny za ich współczucie.

Tak flekowane z dwóch stron oświecone siły porozumienia w senacie doszły w końcu do siebie. I wtedy okazało się jednak, że cały ruch Spartakusa jest zmistyfikowany i fałszywie ukierunkowany i reprezentuje interesy tylko wąskiej grupki gladiatorskiej elity, budząc równocześnie głębokie oburzenie szarego uczciwego niewolnika.

Krassus był wielkim humanistą, biseksem, a nawet triseksem, kochał niewolnika i był przeciwny krzyżowaniu, tym bardziej że w kraju nie było drzewa. Po drugie, chociaż całe społeczeństwo w zasadzie paliło się do walki, to jednak z najwyższym trudem dało się skompletować cztery jako tako sprawne legiony. Po następne, Krassus znał, jaki jest u niego ciężki charakter i szeroka natura (po wuju). I bał się, że jak już raz zacznie, to tak da całej starożytnej Europie popalić, że bardziej nie można.

Tak bijąc się z myślami i nie umiejąc podjąć niepopularnej decyzji, Krassus, zalewając się łzami, w otoczeniu sił postępowych i wstecznych, okrążał pod osłoną nocy obóz Spartakusa.

Na czele oddziałów samnickich, zamieszkujących okolice dzisiejszego Berlina Wschodnio-Zachodniego, konnicy złożonej ze Scytów Ukraińskich, piechoty Roksolańskiej — miłującego pokój narodu rolniczego i dziesięciu słoni środkowoazjatyckich.

Duży strach, mały strach

Nowy Jork 25 lipca 1982 roku. Temperatura 98 F, wilgotność powietrza 87%. Polskie kłopoty zanudziły wszystkich na śmierć. Narzekanie na stan wyjątkowy jest bardzo w złym tonie. Reagan coś tam próbował od Rosjan wydusić, Europa ofiarowała współczucie. Jeżeli ktoś oczekiwał więcej, to wyszedł na idiotę. Teraz tylko konsulaty na całym świecie zatłoczone są przestraszonymi Polakami, ubranymi mimo upału w zimowe garnitury, którzy podniecają się rozmowami o strajkach, jakby nie chcieli zrozumieć, że jeżeli ktoś urodził się w Europie Wschodniej, to jest sam sobie winien.

* * *

Moja córeczka Zuzia jest w Warszawie. Drugiego sierpnia skończyła 3 lata. Znajomi przeszmuglowali mi taśmę magnetofonową. Coś na niej opowiada o ludziach, którzy puszczali gazy łzawiące i przeszukiwali mieszkanie. Kiedy miałem 6 lat, uciekłem z matką z podpalonej przez Niemców Warszawy. Wtedy pierwszy raz zobaczyłem zabitych ludzi. Pamiętam to do tej pory. Ciekawe, co też Zuzia będzie pamiętać.

* * *

Kiedy miałem 12 lat stałem w długim szeregu dzieci. Wymachiwaliśmy polskimi i rosyjskimi chorągiewkami, krzycząc: „niech żyje towarzysz Stalin, najlepszy przyjaciel polskich dzieci". Ciekawe, co też Zuzia będzie krzyczała...

* * *

Podobno kiedy aresztowano jakiegoś intelektualistę, prosił, żeby go wyprowadzić po cichu, bo dzieci już śpią. Podobno jakiś robotnik, kiedy go wyprowadzano, krzyczał na cały głos: „Niech dzieci pamiętają, jak ludowa milicja aresztuje ich niewinnego ojca". Rilke napisał: „kto mówi o zwycięstwie, przetrwać to wszystko".

* * *

Londyn 13 grudnia. Telefon obudził mnie o szóstej rano. Nina Smolar powiedziała, że w Polsce wprowadzono stan wojenny. Dobrze, dobrze, odpowiedziałem i szybko odłożyłem słuchawkę, żeby jeszcze pospać. Dopiero po chwili dotarło do mnie to, co się stało.

* * *

Przyjechałem do Londynu na parę dni przed stanem wojennym, żeby zobaczyć ostatnie próby *Kopciucha* w Royal Court Theatre. Znajomi próbowali załatwić mi wywiad w „Guardianie" i „Timesie", ale angielscy dziennikarze nie palili się do rozmowy.

* * *

Wracać? Czekać? Jak długo? Co będzie, jeżeli wrócę? Co będzie, jak nie wrócę? Telefony nie działają. Krążą koszmarne plotki. Czy można pod koniec XX wieku w Europie Wschodniej, ale było nie było Europie, odciąć spory kraj od reszty świata? Zmienić go w obóz wojskowy? W ogóle żaden problem.

* * *

Gdyby wojsko nie zamknęło lotnisk, pewnie wróciłbym od razu. Po tygodniu zacząłem się wahać. 20 grudnia pojechałem na lotnisko Heathrow, żeby odprowadzić Ninę Darnton. Nina, dziennikarka z „Newsweeka", odleciała z Warszawy do Londynu dwunastego grudnia o dziesiątej wieczorem. Ostatnim samolotem, który wypuszczono. Tuż przed odlotem zadzwoniła z Okęcia do męża. John Darnton, korespondent „New York Timesa", powiedział, że wszystko w porządku, nic ciekawego się nie dzieje. Godzinę później czołgi toczyły się po ulicach. Nina była przerażona, zostawiła w Warszawie dwie małe córeczki.

Czekaliśmy na pierwszy samolot, który wypuszczono z Polski. Miał od razu wracać do Warszawy. Odlot się opóźniał. Czekaliśmy z tłumem pasażerów. Ludzie mówili niewiele, wymieniali podejrzliwe spojrzenia. Strach, najlepszy przyjaciel mieszkańców wschodniego bloku, był znowu z nami.

* * *

Teraz to wszyscy chcą ze mną rozmawiać. Niekoniecznie o sztuce. Telefony z sześciu gazet. Potem z telewizji BBC — „chcemy wiedzieć, co pan sądzi o stanie wojennym". No i tak. Jak powiem, to nie ma po co wracać... Jak nie powiem, straszny wstyd. To co? Może przyjść i nic nie powiedzieć? Albo powiedzieć, że nie interesuję się polityką, tylko sztuką... Albo poprosić o litość, że niby mam w Warszawie małe dziecko, a moja żona właśnie została wyrzucona z pracy. A tak nawiasem mówiąc, co za skurwysyn podał im mój numer telefonu. Pewnie ktoś, kto chce mnie zniszczyć, albo ktoś, kogo też dopadli i nie chce być sam.

Parę dni później znany polski reżyser wymyka się z lotniska tylnymi drzwiami, żeby schować się przed dziennikarzami. Znany polski pisarz, odbierając telefon, zmienia głos i mówi, że już wyjechał. Mój Boże, co się z nami stało...

* * *

Mały strach za granicą i duży strach w kraju. Nocne aresztowania, wyważanie drzwi, małe dzieci porywane do sierocińców. Ciężko chory na serce Jan Józef Lipski wprowadzony na salę sądową w kajdankach jak niebezpieczny przestępca. Listy lojalności, 7 lat za udział w strajku. Za rozmawianie z korespondentami zagranicznymi grozi 15 lat więzienia.

* * *

W Londynie mogę bez zakłóceń odbierać polskie radio. Dowiaduję się, że już tylko 5 dni do końca karnawału. Potem wywiad ze sławnym producentem pączków.

W październiku 1981 prezes Radiokomitetu przyznał na

zebraniu kierownictwa telewizji, że sytuacja się tak skomplikowała, że są zmuszeni każdego dnia jednak przekazywać pewną ilość prawdziwych informacji. Po normalizacji sprawy mają się lepiej. Na ulicach wojsko, czołgi, gaz, strzelanina, w telewizji cały naród oddycha z ulgą i dziękuje wojsku i milicji za udaną okupację.

Fabryki strajkują albo pracują na pół pary, ale w telewizji od czasu wprowadzenia stanu wojennego produkcja wzrosła o 500%.

* * *

Wyjechałem z Polski na tydzień, osiem miesięcy temu. Pierwsze dwa przeszły mi na ciężkim polskim alkoholizmie. Wracać? Nie wracać Co będzie, jeżeli wrócę? Co będzie, jak nie wrócę?

Przestałem pić, ale za wiele to nie pomogło. Pomyślałem, że jeżeli nie zacznę pisać, wykończę się na dobre. Pisać po polsku, ale bez cenzury.

Ci, których szczęśliwie nie dotknęło pisanie „pod cenzurą", omijanie jej, oszukiwanie, tworzenie systemu aluzji i parabol, nie rozumieją, o czym mówię... Teraz mogę pisać wprost. Cały wypracowany przez lata warsztat zaczyna zgrzytać i sypać się. Następna reakcja. Mogę pisać to, co chcę, więc muszę iść na całość. Polska jest zakneblowana, ale ja nie. Trzeba mówić prawdę, oskarżać.

Napisałem i wyrzuciłem. Z literaturą nic to wspólnego nie miało.

* * *

Pracuję teraz nad sztuką teatralną. Język, którym mówią moi bohaterowie, jest bardzo ważny. Pochodzi ze smutnych polskich ulic, z nostalgicznych restauracji, w których nie można nic zjeść, ze skorumpowanego życia.

Akcja mojej ostatniej książki dzieje się w czasie strajku w Stoczni Gdańskiej. Jest wewnętrznym monologiem małego człowieczka, konfidenta policji który stracił umiejętność odróżniania dobra od zła. Ten język przestał być instrumentem komunikacji, i stał się mieszaniną partyjnych sloganów i lumpenproletariackiego żargonu.

W Ameryce taki język nie istnieje. Pisząc sztuki w Nowym Jorku, muszę myśleć o tłumaczeniu. Ale kto będzie chciał i umiał mnie przetłumaczyć. Myślę ciągle po polsku i amerykańskie problemy nie za bardzo mnie obchodzą. Powinienem wracać do mojego kraju, do rodziny, do języka. To jak? Wracać, nie wracać? Co będzie, jak wrócę? Co będzie, jak nie wrócę?

List do amerykańskiego Zarządu Pen Clubu

Związek Literatów Polskich został rozwiązany. W oficjalnym komunikacie poskarżono się, że pisarze wymusili tę decyzję wbrew woli i intencji władz politycznych. To trudne i bolesne dla władz posunięcie ma być kolejnym krokiem na drodze do normalizacji życia w kraju i w środowisku pisarzy. Jako wiceprezes oddziału warszawskiego ZLP i ponieważ przebywam akurat w Nowym Jorku i procesowi normalizacji poddać mnie chwilowo nie można, chciałbym napisać parę słów o historii tego wymuszenia.

ZLP od pierwszej chwili narodzin „Solidarności" opowiedział się po stronie robotników, a następnie, zamiast wyrazić entuzjazm dla udanej akcji policji i wojska, protestował. Decyzja rozwiązania ZLP nie jest więc niczym zaskakującym i nie ma powodu wątpić, że zapadła parę miesięcy temu. Sprawa samego rozwiązania była nieco kłopotliwa. Władza w Polsce nieustannie deklaruje, że jest mecenasem sztuki i najlepszym opiekunem artystów, co pokrywa się z pałowaniem pisarzy, ostrzeliwaniem ich z armatek wodnych, wsadzaniem ich do więzienia czy rozwiązywaniem związku tylko o tyle o ile. Dlatego uruchomiony został tzw. myślący rozum partii. Mówiąc inaczej, władze przystąpiły do składania dowodów najlepszej woli i szczerości intencji. Odbywało się to za pomocą szeroko rozreklamowanej w prasie akcji negocjacyjnej.

Warunki stawiane przez władze Zarządowi Głównemu były dla przyzwoitych ludzi niemożliwe do przyjęcia. Negocjować więc można było śmiało. W czasie negocjacji prasa wzruszała społeczeństwo opisem krzywd i poniżeń, jakie znosi władza ze strony pełzającej ekstremy z Zarządu Głównego. Równocześnie na łamach tychże samych gazet przemykał łagodnie cykl artykułów, przedstawiający niemal wszystkich wybitnych pisarzy jako grafomanów, koniunkturalistów i agentów obcych wywiadów. Słowem, zgodnie z pomysłami Franza Kafki, nie wiadomo dlaczego uważanego w krajach kapitalistycznych za symbolistę, powróciły pogodne czasy z lat pięćdziesiątych, kiedy to człowiek kładł się do łóżka jako lojalny obywatel, a budził się rano jako znany szpieg japoński albo karaluch.

Najciekawsze, że władze atakujące ZLP za brak kontaktu z władzami politycznymi kraju, denuncjowały jednocześnie w gazetach wielu obecnych pisarzy opozycyjnych jako związanych niegdyś z socjalizmem, skromnie uważając, że nic tak nie kompromituje pisarza w oczach narodu, jak fakt, że kiedyś w socjalizm uwierzył i miał z władzą polityczną kontakt.

Następnie, jako że — jak powszechnie wiadomo — władza w kraju socjalistycznym bardzo nie lubi wtykać nosa w autonomiczne sprawy pisarzy, zastosowano ulubiony w państwach o przodującym systemie chwyt, to znaczy uruchomiono grupę pisarzy-patriotów. Grupa ta, „ideowo związana z lewicą polityczną i społeczną, nie mogła zaakceptować powstałej sytuacji" i wezwała władzę na pomoc. Można więc śmiało powiedzieć: mało, że władza bardzo niechętnie rozwiązała związek, to jeszcze zrobiła to na prośbę pisarzy.

Cała operacja jest zgodna z duchem obecnej sytuacji w Polsce — to znaczy bardzo groźna, ale zupełnie niepoważna.

Oczywiście, na miejsce rozwiązanego związku władze powołają nowy, mocno związany z lewicą społeczną i polityczną. Będzie to związek pisarzy bez pisarzy...

Nie jest lekko

Dopiero w maju dotarł do mnie listopadowy numer „Res Publiki", a w nim fragmenty dziennika amerykańskiego Tomasza Jastruna. Wspominając spotkanie ze mną, pisze Jastrun: „Idziemy dłuższy czas w milczeniu, aż tu niespodziewanie wpycha mnie (to ja wpycham — przyp. J.G.) do niewinnie wyglądających drzwi. Stoimy obaj ubrani, a wokół przemieszczają się nieubrane kobiety. Speszyłem się. Nie jestem przyzwyczajony do takiej niesymetryczności. Chwyta mnie (J.G.) za rękaw, bo już uciekałem; i pociesza, że to nie żaden burdel, a jedynie peep-show. Unosi się zasłona i rzeczywiście, za szybką leżą dwie osobniczki płci żeńskiej, biała i czarna, i obie przysysają się, że tak powiem, do swoich części miękkich. Miałem wrażenie, że bardzo się męczą i żal mi się zrobiło kobiet. Jedna nawet pomachała do mnie wolną ręką, nie wiem z jakiego powodu. W każdym razie postanowiłem nie reagować, bo nie wiadomo przecież, jakie w tym niezwykłym miejscu panują zwyczaje.

— A to, bracie, jest burdelik dla mężczyzn, którzy lubią kobiety ciężarne — pokazuje (J.G.) niepozorny budyneczek.

— Co ty powiesz!

— Tak jest, bracie — i (J.G.) patrzy na mnie z triumfem — nie jest lekko. — Ano nie jest — przyznaję".

Otóż chciałem publicznie przeprosić Tomasza Jastruna za to, że wejście do peep-show na 42 ulicy, otoczone grupką zapraszających do środka alfonsów i ozdobione zdjęciami kopulujących par, wydało mu się „niewinnie wyglądającymi drzwiami" prowadzącymi zapewne do Biblioteki Kongresu.

Chciałem go także przeprosić za to, że kiedy chciał uciekać, obezwładniłem go (wolną ręką, bo drugą wykupywałem dla nas bilety) i ściągnąłem po krótkiej walce na dolne piętro, gdzie moja ofiara doznała lekkiego szoku.

A teraz co do machania osobniczki „płci żeńskiej"; w ten istotnie nieco prymitywny sposób upadła kobieta próbowała wyrazić swój podziw dla urody Tomasza Jastruna. Zwłaszcza — jak mi później powiedziała — ujął ją wypisany na jego obliczu wyraz uczciwości i dobroci.

Ten „burdelik dla mężczyzn, którzy lubią kobiety w ciąży", co go ze zrozumiałym „triumfem" pokazywałem Tomaszowi Jastrunowi, jest już zamknięty. Ale na jego miejscu otworzono burdelik dla kobiet, które lubią mężczyzn w ciąży. Podjąłem tam pracę w pełnym wymiarze godzin...
— „Tak jest, bracie, nie jest lekko".

Proszę na mnie nie liczyć

W czwartek burmistrz David Dinkins ogłosił swoją najnowszą strategię zwalczania przestępczości w Nowym Jorku. Polegać ma ona na wykorzystaniu „największych rezerw miasta, a mianowicie — zbiorowego entuzjazmu i dobrej woli mieszkańców". Swoje telewizyjne przemówienie burmistrz zakończył okrzykiem — „Nowy Jork zwycięży".

Już w piątek rano sąsiadka-staruszka zatrzymała mnie na schodach i powołując się na apel burmistrza, zażądała, żebym wymontował z okien żelazne kraty, za którymi ukrywam się tchórzliwie z całą rodziną, i przyłączył do formujących się właśnie patroli obywatelskich, do których ona się już zapisała.

Z nieszczerym uśmiechem zacząłem się wykręcać, mamrocząc coś o złym stanie zdrowia i miernych wynikach uzyskiwanych w walce na noże. Sąsiadka popatrzyła na mnie z pogardą i poinformowała, że jeżeli komukolwiek z naszego bloku coś się stanie, będzie to moja wina.

Ta rozmowa i apel burmistrza przywołały falę wspomnień z dzieciństwa. Otóż w Polsce wraz z wszystkimi obywatelami byłem nieustannie obarczany odpowiedzialnością za wszystkie błędy komunistycznego rządu.

Wyjaśniano mi na przykład, że brak żywności wynika z nadmiernej żarłoczności większości obywateli, a zwłaszcza emerytów, którzy się już przecież w życiu wystarczająco najedli. Brak mieszkań jest spowodowany nieodpowiedzialną żądzą rozmnażania się, itd.

Od czasu do czasu rząd ogłaszał nową strategię rozwiązania ekonomicznych problemów. Lekarze na przykład byli energicznie zachęcani do wyjazdu na wieś i pomagania rolnikom przy żniwach. Chłopi natomiast wysyłani byli do szpitali, by ulżyć w pracy chirurgom.

Następnie przed kamerami telewizyjnymi rolnicy dziękowali lekarzom, i odwrotnie, zapewniając się, że socjalizm zwycięży.

Nieoficjalnie było wiadomo, że rolnicy musieli tracić tydzień na usuwanie szkód wyrządzonych w ciągu jednego dnia przez ofiarnych lekarzy. A w szpitalach szemrano, że nawet nieco więcej czasu zajmowało naprawianie spustoszeń dokonanych przez pełnych entuzjazmu rolników. Punkt widzenia chorych nie był ujawniany.

Kiedy burmistrz David Dinkins rozpoczął swoje urzędowanie od zwolnienia z pracy paru tysięcy policjantów, trochę się zdziwiłem, ale nie wpadłem w panikę.

Na mojej ulicy w East Village mam opinię szczęściarza. Przez cały ostatni rok byłem tylko dwa razy napadnięty. Za pierwszym udało mi się uciec. Za drugim obrabowano mnie i pobito, ale bardzo powierzchownie. Skończyło się na małym szwie i paru siniakach — co wywołało zazdrość sąsiadów.

Kiedy burmistrz zaapelował do good people of New York, żeby wyszli na ulice i wypowiedzieli wojnę przestępcom, zdziwiłem się trochę bardziej.

Do tej pory policja zawsze prosiła nowojorczyków, aby broń Boże nie próbowali pomagać jej w pracy, bo taka pomoc najczęściej kończyła się tragicznie. Entuzjazm uczciwych obywateli jest mało skuteczny w konfrontacji z rewolwerami i pistoletami maszynowymi pozbawionych skrupułów bandytów.

Chciałbym przypomnieć, że w czasie ostatniego konfliktu na Bliskim Wschodzie George Bush nie apelował do good people z Arabii Saudyjskiej, żeby uzbrojeni w kije baseballowe, latarki, walkie-talkie i entuzjazm, ustawili się na granicy, oczekując na wojsko Saddama Husajna.

Prezydent zastosował taktykę bardziej tradycyjną, wysyłając czołgi, lotnictwo i piechotę morską.

Ze wstydem przyznaję, że taka strategia bardziej do mnie przemawia. Oczywiście, to mogą być polskie kompleksy, urazy. Może dobrzy ludzie w Nowym Jorku są lepsi od dobrych ludzi z Warszawy i godziny przestępców są policzone.

Kwadratura koła

Pewien utalentowany pisarz z Europy Wschodniej poskarżył mi się niedawno, że totalitaryzm zniszczył go dwa razy. Najpierw wsadzając go do więzienia i zmuszając do emigracji, następnie rozpadając się w momencie, kiedy pisarz ten zakończył powieść poświęconą totalitaryzmu dogłębnej analizie. Rzecz prosta, w związku z głasnostią i pierestrojką, Vaclavem Havlem i berlińskim murem książka ta została odrzucona przez wszystkie wydawnictwa, jako znakomita, ale zupełnie nieaktualna.

— Już nie chodzi nawet o pieniądze, tylko o czym ja mam właściwie pisać? O rozwodzie Donalda Trumpa? — pisarz zamyślił się ponuro.

Brzmi to zabawnie, ale nie dla wszystkich. Czuję coraz wyraźniej, że to wspaniałe trzęsienie Ziemi, jakie odbyło się na Wschodzie, stawia mnie jako pisarza emigracyjnego w nieco delikatnej sytuacji.

No bo rzeczywiście, wyjechałem z Polski nie żeby się wzbogacić, tylko w związku ze stanem wojennym generała Jaruzelskiego. Przesadnie się nie wzbogaciłem, po stanie wojennym nie ma już śladu, generał Jaruzelski został liberałem, to na co właściwie czekam?

Ludzie, którzy parę lat temu martwili się na łamach polskiej prasy, że wysługuję się imperialistom, teraz zakładają gorączkowo prywatne przedsiębiorstwa i jeśli czymś się martwią, to tym, że ich firmy nie znajdują się w notowaniach giełdowych Wall Street. Moja zatrzymana przez cenzurę *Moc truchleje* drukowana jest w „Literaturze" i wychodzi w Czytelniku. Polska telewizja zamiast wystąpień ministra spraw wewnętrznych nadaje msze święte przeplatane serialem *Policjanci z Miami.* Oficerowie SB rzucają się na szyję przechodniom, błagając ich o przebaczenie, a z kieszeni dyskretnie wystają im biblie.

PZPR rozwiązało się, przy czym dla uczczenia tego faktu delegaci na ostatni zjazd odśpiewali Międzynarodówkę, a ja jestem w Nowym Jorku i nie mogę się ich nawet zapytać, kogo mieli na myśli, śpiewając: „Wyklęty powstań ludu Ziemi" i „Bój to jest nasz ostatni".

Na dodatek *Kopciuch,* sztuka o dziewczętach wystawiających w poprawczaku bajkę o Kopciuszku i będąca metaforą totalitaryzmu, jest obecnie grana w 16 teatrach w ZSRR. Co więcej, zostałem zaproszony na premierę. I pojechałem.

Czyli o co mi chodzi? Czy o to, że już nie mam mieszkania w Warszawie... ale prawdę mówiąc, tutaj też nie mam.

A może nie potrafię już żyć bez otwartych całą noc koreańskich sklepów z owocami? Albo przywiązałem się do swojego kulawego angielskiego i mój wyrafinowany polski przestał mnie bawić. Może szkoda mi tych ośmiu lat, w czasie których robiłem co mogłem, aby odzwyczaić się od Polski i przyzwyczaić się do Ameryki, odzwyczaić od cenzury politycznej i przyzwyczaić do komercjalnej. A jak mi się już zaczęło wreszcie składać, to teraz mam wracać?

Na dodatek cenzurę polityczną w Polsce zlikwidowano, a komercjalnej jeszcze nie wprowadzono.

A może ja już nigdzie nie należę, tylko unoszę się gdzieś pośrodku?

A może nie mogę już żyć bez Broadwayu? Ale prawdę mówiąc, sztuki Arthura Millera czy Tennessee Williamsa łatwiej jest teraz zobaczyć w Moskwie niż w Nowym Jorku.

Ostatnio przyszła mi do głowy buntownicza myśl, że może w ogóle nigdzie nie muszę należeć, tylko tak sobie żyć, trochę tu, trochę tam, ale zaraz zawstydziłem się. Bo na takie myślenie może sobie pozwolić obywatel jakiegoś eleganckiego kraju, na przykład Francuz. A Polakowi, co prawie od 200 lat bez przerwy jest bity i gwałcony, po prostu nie wypada.

Nie będę ukrywał, że bardzo mi przyjemnie, że to właśnie mój skromny kraj jako pierwszy komunizm pogrążył, tyle że ja akurat byłem wtedy dość daleko.

Nie żeby mnie w Nowym Jorku ktoś specjalnie rozpieszczał albo siłą zatrzymywał... może właśnie dlatego uparłem się, żeby tu być. Z dzikiej próżności albo z dzikiego masochizmu.

Tak czy inaczej przyzwyczaiłem się. Adoptowałem bezdomnego kota i wprawiłem sobie ochronne kraty w oknach. I patrzę przez nie na mojego dozorcę, powyginanego od reumatyzmu emigranta z Malty, który zawsze, kiedy pada deszcz, zadziera głowę do góry, uśmiechając się radośnie.

Zapytałem go kiedyś, dlaczego tak lubi deszcz. Odpowiedział, że deszczu nienawidzi, bo mu nogi puchną. Ale na Malcie latami czekał na kroplę z nieba i się nie doczekał. Ziemia zmarniała, on też, i musiał wyemigrować. Wybrał Nowy Jork, bo tu pada cały rok.

Od powrotu z Rosji chodzi za mną prościutka melodyjka z leningradzkiego przedstawienia *Kopciucha w* teatrze Leninowskiego Komsomołu. Widownia oddzielona była od sceny żelazną kratą. Dziewczęta z zakładu poprawczego szarpały się z nią, mocowały, próbowały ją wyłamać. Śpiewały przy tym bardzo ładną piosenkę o ślepej miłości do Ameryki i o beznadziejnym marzeniu, że tam się kiedyś znajdą. Wszyscy na sali płakali. Ja nie. Ja tej piosenki nie napisałem. Dopisał ją za mnie rosyjski pisarz. Ale ja za to do Ameryki uciekłem. Napisałem nawet o tym sztukę. Nazywa się *Polowanie na karaluchy*, też jest tragikomedią. Jest to sztuka o parze polskich emigrantów spędzających bezsenną noc w otoczeniu karaluchów w biednym mieszkanku na dole Manhattanu.

Kiedy wróciłem z Moskwy, w Nowym Jorku padało. Z walizkami w rękach wpadłem na roześmianego dozorcę. Wymieniliśmy uściski dłoni. Jego ręka wydała mi się jeszcze bardziej opuchnięta niż miesiąc temu. Dlaczego ten człowiek nie wróci na Maltę? Mógłby wyleczyć się z reumatyzmu. Pracował w Ameryce przez trzydzieści lat. Z amerykańskiej emerytury mógłby tam żyć luksusowo przez następnych trzydzieści.

— Dlaczego pan nie wróci? — zapytałem.

— Myślałem o tym — machnął ręką — ale tam w ogóle nie pada.

Szansa Joyce'a

W zeszłym roku napisałem scenariusz filmowy pt. *Hairdo*, czyli *Fryzura*. Taką śmieszno-straszną historyjkę miłosną emigranta z Rosji mieszkającego na Brighton Beach i uciekinierki z Kenii przebywającej w nowojorskim Harlemie.

Szukając aktorki do głównej roli, poszliśmy z reżyserem Peterem Cohnem na spotkanie z jedną z afrykańskich top modelek robiącą w Nowym Jorku zawrotną karierę i zarabiającą sto tysięcy dolarów tygodniowo. Oczywiście na tydzień przed spotkaniem wysłaliśmy jej scenariusz, a po drodze w samochodzie przeczytałem artykuł w „New York Timesie" pełen zachwytu dla jej wiedzy i inteligencji. Przyszła otoczona sztabem agentów i menedżerów. Była o głowę wyższa ode mnie i bardzo piękna. Powiedziała, że jeden z agentów odczytał jej scenariusz, rola się jej spodobała i chętnie ją zagra, bo lubi kino. Porozmawialiśmy, ale tylko chwilę, bo spieszyła się na wywiad do „Vogue".

Po jej wyjściu menedżer, bardzo zadowolony ze spotkania, zastrzegł się, że jego klientka może się trochę wolno uczyć dialogów, bo nie umie czytać. Ze zrozumieniem pokiwaliśmy głowami. No, bo rzeczywiście jeszcze kilkadziesiąt lat temu, żeby mieć dostęp do kultury, trzeba było jednak wziąć tę przeszkodę. Teraz w związku z olbrzymim skokiem cywilizacyjnym, trzeba się tylko nauczyć nacisnąć odpowiedni klawisz.

Tak więc w Stanach Zjednoczonych olbrzymie tłumy biorą udział w kulturze, ale głównie oglądając i słuchając. Na przykład porannego show radiowego Howarda Sterna słucha codziennie dziesięć milionów Amerykanów, ale co do sztuki czytania to akurat ona powolutku zanika. Oczywiście ja nie twierdzę, że dotyczy to amerykańskiego PEN-u, wydawnictw, pism czy uniwersytetów, ale coraz częściej — nie tylko w Hollywood — odwiedzam mieszkania, w których miejsce książek w bibliotekach zajęły kasety wideo.

Producenci w Los Angeles każą sobie na ogół scenariusze filmowe — tak jak w *Graczu* Altmana — opowiadać, a bardziej konserwatywni polecają autorowi czy aktorom nagrać tekst na kasetę i go sobie w drodze z domu do studia słuchają.

Kiedy przyjechałem do Nowego Jorku na początku lat osiemdziesiątych, najbardziej snobistyczną, ekskluzywną i opiniotwórczą restauracją była sławna Elaine's na Drugiej Alei między 88 i 89 Ulicą. Jej właścicielka, urodzona już w Nowym Jorku córka żydowskich emigrantów z Rosji, założyła ją kilkadziesiąt lat temu i kiedyś za darmo albo półdarmo karmiła młodych, nieznanych a utalentowanych. Oni tego nie zapomnieli i odkąd stali się sławni i bogaci, spotykają się lub spotykali, bo część już nie żyje, niemal co wieczór w tej ciemnawej, wytapetowanej okładkami książek, plakatami filmowymi i zdjęciami restauracji. Elaine's to trochę taki nowojorski odpowiednik dawnego warszawskiego SPATiF-u, tyle że brakuje tajniaków i członków KC, za to przychodził prawie co wieczór Tennessee Williams. Zaglądają tam stale William Styron, Arthur Miller, Sam Shepard i Kurt Vonnegut. Często wpada Woody Allen, czasem z saksofonem, na którym lubi grać, zwłaszcza kiedy w Los Angeles rozdają Oscary. Woody Allen dotąd nie odebrał trzech przyznanych mu przez filmową akademię statuetek, uważając, że brać udziału w hollywoodzkim przedstawieniu nie wypada. Elaine's jest jednym z ostatnich miejsc w Nowym Jorku, gdzie się przy kolacji rozmawia o książkach i w ogóle rozmawia.

Ale świat idzie naprzód i Elaine's nie jest już na mapie nocnego Nowego Jorku miejscem najważniejszym. Najważniejsza jest ostatnio włoska restauracja Downtown na West Broadway. A Downtown zrobiła się najważniejsza, bo tam przychodzą artyści, którzy się ostatnio w Nowym Jorku, czyli wszędzie, liczą najbardziej. Oficjalnie uznani za geniu-

szy projektanci mody, krawcy-wizjonerzy oraz supermo-
delki i supermodele. Artyści, wokół których najwięcej jest
i szumu, i pieniędzy. Obok nich przemyka się paru finan-
sowych magnatów, typu Donalda Trumpa, modnych aktorów jak Leonardo DiCaprio i aktorek, np. Gwyneth Pal-
trow.

W Downtown się nie rozmawia. A nawet jakby się roz-
mawiało, to by nie było słychać, bo muzyka jest głośna.
Zresztą nie ma tu po co rozmawiać, bo wszystko widać.
A jak słusznie napisał Oskar Wilde, piękno nie potrzebuje
potwierdzenia.

Ale może i w Downtown pojawią się książki. Pewien
wpływowy designer ogłosił we wkładce „Fashion" w „New
York Timesie", że do męskiej nieposzerzanej w ramionach,
ale właśnie dopasowanej marynarki na trzy guziki, z szarej
flaneli, z wąskimi klapami, noszonej z czarną koszulą z kom-
binacji 70 proc. rewlonu i 30 proc. jedwabiu, pasuje wysta-
jąca z kieszeni okładka książki Joyce'a *Portret artysty z czasów młodości*. I tą radosną wiadomością kończę swoją rela-
cję z Nowego Jorku.

Elian Gonzales superstar

Nowy Jork to miasto, które niejedno widziało i bardzo niechętnie się wzrusza. Bogactwo i sukces chodzą tu pod rękę z nędzą i upadkiem. Nieszczęście jest widoczne na co dzień i oswojone. A o tym, czy czyjaś rozpacz jest godna uwagi, decydują media. Tyle że zostać zauważonym jest dosyć trudno. Oczywiście jakieś efektowne morderstwo, porwanie, katastrofa czy śmierć zastrzelonych w szkole dzieci mogą na dzień czy dwa przyciągnąć uwagę telewizyjnych reporterów i widzów przed telewizorami. Ale jedni i drudzy szybko się nudzą. Żeby przytrzymać ludzi przed szklanym ekranem dłużej, trzeba nieszczęścia wyjątkowo fotogenicznego.

Ostatnie hitowe nieszczęście nazywa się Elian Gonzales. Szefowie telewizyjnych networków zgodnie zdecydowali, że to jest to, i od czterech miesięcy ten sześcioletni chłopiec stał się najpopularniejszą osobą nie tylko w Nowym Jorku, ale w całych Stanach.

Jak wiadomo, matka Eliana, uciekając z synem z Kuby, utonęła w oceanie. Chłopiec został uratowany i wylądował u krewnych w Miami. Ci chcą, żeby został z nimi w wolnym świecie. Ale Fidel Castro wraz z lojalnym wobec dyktatora ojcem Eliana domaga się zwrotu dziecka. Więc sześcioletni chłopiec był ostatnio niemal jak w filmie *Truman Show* — bo ciągle na oczach telewidzów — wyławiany z wody, łączony z rodziną, terroryzowany bronią przez policję najbardziej demokratycznego państwa świata, a ostatnio oddany ojcu.

Wokół sprawy Eliana kręci się wir wielkich interesów. Demokratów i republikanów, Fidela Castro i Billa Clintona,

Ala Gore'a, George'a Busha Jr., Hilary Clinton i burmistrza Rudy'ego Gulianiego, walczących o głosy Latynosów w zbliżających się wyborach. Oglądalność historii Eliana jest już podobno większa od największych hitów poprzednich sezonów: śmierci Lady Diany i wywiadu Barbary Walters z Moniką Lewinsky.

A co jest w historii Eliana wyjątkowego? Przecież wszyscy wiedzą, że ciągle pod pokładami statków szmuglujących uciekinierów z Chin giną z pragnienia i głodu kobiety i dzieci. Wiadomo, że w hermetycznie zamkniętych samochodach przewożących nielegalnych emigrantów z Meksyku do Teksasu umierają z braku wody i powietrza całe rodziny. A co parę tygodni na tratwach i łódkach wyruszają z Hawany dziesiątki Kubańczyków. Część z nich tonie. Ci, którzy dopłynęli, są na ogół aresztowani i zwracani Hawanie. I te wszystkie dramaty starczają najwyżej na jedną krótką migawkę, bardzo rzadko w prime time news, czyli głównym wydaniu wiadomości.

Co więc decyduje o wyjątkowości historii Eliana, z którego śliczną, uśmiechniętą bądź zapłakaną twarzyczką Ameryka nie może się rozstać?

Wiceprezydent CBS-u oświadczył, że sprawa Eliana jest wyjątkowa, bo jest bardzo ważnym elementem polityki zagranicznej Stanów Zjednoczonych i Kuby, a zarazem trudnym do rozwiązania problemem prawnym. Ale szef innego telewizyjnego networku powiedział, że to wszystko bzdura. Młodziutki Kubańczyk nie jest żadnym politycznym symbolem. Elian to po prostu bardzo sexy chłopiec występujący w soap operze. I gdyby był brzydszy, nikt by się nim nie zainteresował.

Felietonista „New York Timesa" Frank Rich przewiduje rychłe pojawienie się na Broadwayu musicalu pt. *Elian — chłopiec z Kuby**. Słyszałem też o negocjacjach już prowadzonych przez hollywoodzkie studia z rodziną Eliana. Ludwik Fainberg, popularny rosyjski mafioso (ksywka Godzilla), ten sam, który organizował dla kolumbijskiej mafii narkotykowej zakup rosyjskiej łodzi podwodnej, powiedział, że Ameryka to jest Disneyland. I bardzo się dziwi, że Mic-

---

* Ten musical już się pojawił (J.G.).

key Mouse jeszcze nie jest prezydentem. Oczywiście, stwierdzając to, Godzilla był, mówiąc łagodnie, rozgoryczony, bo FBI zepsuło mu całą transakcję i wypowiadał się z więzienia.

Tak czy inaczej może warto o tym wszystkim pamiętać, śledząc na żywo strasznie smutną historię małego chłopca, który stracił matkę i chyba zupełnie nie rozumie, co się wokół niego dzieje. Bo marny jest los trawy na łące, na której walczą słonie.

Mateczka Rosja i kapelusz*

Na początku '90 roku razem z grupą polskich intelektualistów pojechałem do Zagorska. Zamyśliliśmy się nad grobem Borysa Godunowa, zwiedziliśmy słynny monastyr i muzeum ikon. Właśnie mieliśmy opuszczać muzeum, kiedy okazało się, że wybitny polski pisarz zgubił numerek na kapelusz. W muzealnej szatni dla większego porządku wydaje się dwa numerki: osobny na płaszcz, osobny na czapki i kapelusze.

Szatniarka, kobieta starsza o surowej i zdecydowanej twarzy, oświadczyła, że nakrycia głowy nie wyda. Przyznała, że kapelusz jest, i nawet położyła go na chwilę na blacie, ale kiedy pisarz rzucił się do przodu, ukryła go za plecami. Na zewnątrz były 24 stopnie poniżej zera i wiał lodowaty wiatr. W pierwszej chwili myśleliśmy, że szatniarka żartuje. Byliśmy w błędzie. Niepokonany przez siedem lat stalinowskiego więzienia pisarz załamał się. Zaczął prosić, potem błagać, wreszcie grozić, na koniec dostał ataku histerii.

Wszystko na nic.

Minęło pół godziny. Sytuacja wyglądała beznadziejnie. Nasza grupa stanowiła część oficjalnej polskiej delegacji. Przed muzeum czekała na nas czarna limuzyna marki Czajka, z ręcznie haftowanymi firankami i szoferem. Towarzyszył nam ustosunkowany i wiedzący wszystko o życiu tłumacz. Nic nie pomogło.

Tymczasem nasza grupka przyciągnęła uwagę pilnujących muzeum uzbrojonych czerwonoarmistów, którzy z wolna zaczęli nas otaczać. Pisarz zerknął na nich i oświadczył, że właściwie kapelusz był zniszczony, nigdy go nie lubił, a poza tym może obwiązać sobie głowę szalikiem. I szybko ruszył do wyjścia. Ale teraz nasz tłumacz uniósł się honorem. Dogonił pisarza i zdarł z niego płaszcz. Po czym dramatycznie oświadczył, że jeżeli w ciągu godziny kapelusz nie wróci na głowę właściciela, to znaczy, że w Rosji przez ostatnie lata nic się nie zmieniło.

I zniknął.

Tymczasem żołnierze nieoczekiwanie przeszli na naszą stronę i spróbowali szatniarkę zmiękczyć. Ale ona powiedziała, że nie boi się ich, bo czasy się zmieniły. Bezprawie w Rosji już się skończyło i każdy obywatel ma obowiązek stać na straży przepisów. Żołnierze zwiesili głowy i wrócili do pilnowania świętych ikon.

Nagle pojawił się tłumacz. Ze zwycięskim uśmiechem popychał przed sobą Dyrektora Artystycznego muzeum. Zerwaliśmy się na nogi, z ulgą zapinając płaszcze.

Nasza radość była jednak przedwczesna.

Szatniarka poinformowała Dyrektora Artystycznego, że szatnia mu nie podlega, jako że podpada pod pion administracyjny sztuki. Upokorzony Dyrektor Artystyczny rozłożył ręce i poszedł na obiad.

Ale tłumacz się nie poddał. Nie minęło dwadzieścia minut, a już pojawił się znowu w towarzystwie uprzejmej i eleganckiej pani, która okazała się Dyrektorem Administracyjnym.

Teraz wszystko poszło już gładko. Po krótkim przesłuchaniu sporządzony został raport. Podpisała go pani Dyrektor Administracyjny, wybitny pisarz, szatniarka i tłumacz. Następnie kapelusz został zwrócony.

W drodze powrotnej do Moskwy rozsunąłem firanki i przez okno naszej komfortowej limuzyny patrzyłem na zaśnieżone pola i pamiętające czasy wojen napoleońskich wykrzywione chałupki. Potem spojrzałem na kapelusz wybitnego pisarza i zacząłem się zastanawiać, w jakim kształcie i w jakiej formie odrodzi się nieśmiertelny duch Mateczki Rosji.

Hamlet — końca wieku

W drugim akcie *Hamleta,* w scenie drugiej, duński książę mówi: „Dania jest więzieniem". Zdanie to nie zwróciło szczególnej uwagi Goethego, kiedy oglądał inscenizację *Hamleta* w Getyndze. Kiedy w 1980 roku, tuż przed powstaniem „Solidarności", oglądałem *Hamleta w* Warszawie, reakcją na nie była burza oklasków.

Hamleta grano już na kilkadziesiąt sposobów: jako melodramat kryminalny z życia duńskiej arystokracji, dramat metafizyczny, wiedeńską lekcję psychoanalizy, zestaw pytań egzystencjalnych i jeszcze parę innych. Aktualne znaczenie *Hamleta* zależy od koncepcji reżysera, ale może jeszcze bardziej zależy od widowni. Co innego znaczy *Hamlet* wystawiony w Mark Taper Forum w Los Angeles, a co innego w Teatrze na Tagance w Moskwie. Co innego w Kansas City, a co innego w Armenii.

W końcu XX wieku *Hamlet* aż kipi od polityki. Ale polityka była w *Hamlecie* zawsze. Królowej Elżbiecie I dwór w Elsynorze i zasiadający na tronie morderca na pewno nie wydawał się szczególnie egzotyczny. Czasy były ciężkie. Sama ścięła ponad tysiąc głów (z głową Marii Stuart włącznie). Kiedy Szekspir opisał w *Ryszardzie II* scenę detronizacji — kazała ją wyciąć, niekoniecznie ze względu na niskie walory teatralne. Nie wiadomo, czy podobał jej się *Hamlet,* ale na pewno ucieszyła się, że młody dramaturg wykazał polityczną dojrzałość i umieścił akcję sztuki w Danii.

I Hitlerowi, i Stalinowi *Hamlet* nie za bardzo się podobał. Oczywiście obaj jako poważni mężowie stanu nie brali pod uwagę tego, żeby ktoś identyfikował ich ze zbrodniczym królem Klaudiuszem. Natomiast drażnił ich przeintelektualizowany główny bohater, który za dużo mówi i za mało robi. Göring pozwolił ostatecznie swojemu ulubionemu aktorowi Gustawowi Gründgensowi na wystawienie *Hamleta* w Berlinie. Ale był to *Hamlet,* z którego III Rzesza mogła być dumna. Dynamiczny człowiek czynu i czystej krwi nordyk. W latach trzydziestych znakomity sowiecki reżyser teatralny Wsiewołod Meyerhold postanowił wystawić *Hamleta* w Moskwie. Miał już nawet interesujący pomysł: dwoistość bohatera chciał pokazać, obsadzając w roli Hamleta dwóch aktorów. Jeden symbolizować miał działanie, drugi — refleksję. Meyerhold ostatecznie *Hamleta* nie wystawił, ale został w 1940 roku rozstrzelany za formalizm.

Co sądzi o Hamlecie George Bush? Czy wybrałby go na swego wiceprezydenta Michael Dukakis? Gdyby w roku 1988 Hamlet pojawił się na politycznej scenie, którą jego interpretację uznaliby za najbardziej atrakcyjną dla amerykańskich wyborców doradcy kandydata? To, że Hamlet za dużo mówi, a za mało robi, jak wiadomo, nie byłoby przeszkodą. Ale jego wyborcze szanse przekreśliłby dwuznaczny związek z nieletnią Ofelią.

Szwedzki aktor Peter Stormare zagrał Hamleta w czarnym golfie, w słonecznych okularach i czarnym gumowym płaszczu. Taki Hamlet (z inscenizacji Ingmara Bergmana w Brooklyn Academy of Music w czerwcu br.) nie tylko nie miałby żadnych szans w prezydenckiej debacie, ale nie zostałby wpuszczony do żadnego przyzwoitego domu w Stanach Zjednoczonych. Ten Hamlet uważnie śledził panowanie ojca. Zbyt długo był zbyt blisko władzy, żeby zachować choć cień niewinności i odrobinę złudzeń. Na uniwersytecie w Wittenberdze naczytał się manifestów Czerwonych Brygad i nauczył operować sztyletem. Rannego Poloniusza wyciąga zza kotary i dobija z dużą wprawą. Od dawna sypia z Ofelią i zna się bardzo dobrze z Fortynbrasem.

Fortynbras... Ta epizodyczna postać norweskiego księcia była w Szekspirowskim *Hamlecie* zawsze bardzo ważna. W coraz bardziej uwikłanym w politykę *Hamlecie* końca naszego wieku znaczenie Fortynbrasa jeszcze wzrosło.

W chwilę po śmierci Hamleta, duńskiego księcia, wojska norweskie wkraczają do Elsynoru. Od tego, kim jest Fortynbras, zależy przyszłość Danii.

Ameryka nie ma żadnych doświadczeń z utratą niepodległości, obcymi wojskami i okupacją. W amerykańskich inscenizacjach *Hamleta* postać Fortynbrasa nie znaczyła nic. W wielu (między innymi w filmowej wersji Mela Gibsona) była po prostu wycinana, żeby zmniejszyć koszty produkcji. Hamlet, umierając, dobrowolnie wyznacza na następcę duńskiego tronu Norwega. Dlaczego? Uważa go za przyzwoitego człowieka? Chce wynagrodzić mu śmierć ojca, którego przed laty zabił jego ojciec? Chce uniknąć wojny domowej? A może po prostu nie ma wyboru?

W Bergmanowskiej inscenizacji Hamlet-anarchista, wyznaczając Fortynbrasa na przyszłego króla, uśmiecha się szyderczo. Wie świetnie, co ta jego decyzja oznacza dla Danii. Wojska Fortynbrasa pojawiają się na scenie Brooklyn Academy of Music, dosłownie rozwalając tylną ścianę sceny, w ogłuszającym huku hard rocka. Na głowach mają hełmy z czarnymi plastykowymi szybami ochronnymi. W rękach pistolety maszynowe i tranzystorowe radia. Są kombinacją libijskich terrorystów, nowojorskich sprzedawców kracka i południowoamerykańskich guerrillas. Sprawnie wrzucają trupy do wspólnego grobu. Za trupami polecą do dołu meble. Zgodnie z poleceniem Hamleta Horacy próbuje Fortynbrasowi wyjaśnić, co się właściwie stało w Danii. Ale Fortynbras nie chce tego słuchać. Każe Horacego rozstrzelać. Dania jest skończona, pamięć o niej jest zupełnie niepotrzebna.

Publiczność w Brooklyn Academy of Music przyjęła wejście wojsk Fortynbrasa beztroskim śmiechem. Ja nie. Mam nadzieję, że to ona ma rację.

Pocztówka z pola minowego

Wydana przez Drzewo Babel powieść Vedrany Rudan nazywa się *Ucho, gardło, nóż*. Mogłaby się też nazywać „Rzeź, wrzask, seks" albo „Gwałt, dymanie, skowyt". Skowyt mógłby się kojarzyć ze sławnym poematem wielkiego buntownika poezji amerykańskiej z roku 1956. Ale jako że świat poszedł naprzód, utwór Allena Ginsberga, przerażonego degradacją wartości i nowojorskim molochem, w sąsiedztwie prozy Vedrany brzmi cokolwiek elegijnie.

Oczywiście *Skowyt* był znakomicie zrobiony literacko, a Vedrana wali po pysku. Chorwatce najbliżej jest do Oriany Fallaci. Ale gdzie tam brutalnej Orianie do furii i bezwstydu pisarki i dziennikarki z Bałkanów.

Narratorka Vedrany Rudan — książka jest monologiem wewnętrznym kobiety mocno po czterdziestce — oznajmia na początku, że „ludzie mają dosyć jebania i wojen". Może i ona ma dosyć. Ale my absolutnie nie. Gdyby tak się składało, że mamy dosyć, to nasze niosące wolność sojusznicze wojska nie maszerowałyby po Bliskim Wschodzie, jeńcy iraccy byliby pozbawieni wielu atrakcji towarzyszących przebywaniu w więzieniu, a książki pani Rudan nikt by nie kupił. Bohaterka wyznaje też, że nie może spać z powodu klimakterium albo wojny. W to można uwierzyć. Jej opowieść istotnie ma cechy koszmaru, chociaż bardzo mało sennego.

Narratorka ma też kłopoty z tożsamością. To nie jest dokładnie ten sam rodzaj wątpliwości, z jakimi zmagał się Stiller u Maksa Frischa, czy który spędzał sen z oczu bohaterowi sztuki Amerykanina Herba Gardnera *I'm not Rap-*

paport. Bohaterka Vedrany męczy się oczywiście także i w wymiarze ogólnoludzkim, ale częściej serbskochorwackim, przy czym obie możliwości identyfikacji wydają jej się nadzwyczaj mało atrakcyjne. Poza pijanymi wojną Serbami i Chorwatami, narratorka, której chyba bardzo blisko do autorki, brzydzi się seksem, skurwieniem, zgłupieniem i hipokryzją świata i ludzi. Zresztą nie ma ani jednej rzeczy; której by się nie brzydziła. A brzydzi się na śmiesznie, na bezwstydnie i na ponuro.

Książka załadowana jest po brzegi wulgaryzmami, które mogłyby zgorszyć nawet nadwiślańskich brutalistów. Ale dobrodziejstwo, jakim jest dla literatury wojna, zwłaszcza wojna bałkańska, czyli portret świata, który na dobre wyszedł z formy, to wszystko usprawiedliwiają.

Oczywiście brzydząc się seksem, narratorka brzydzi się mężczyznami, ale jej feminizm też jest umiarkowany. „Dziś w Chorwacji rządzą dupy. W gazetach, w radiu, w telewizji... Piętnastoletnia cycata na długich nogach daje wywiad na dwie strony o tym, co myśli o bin Ladenie. Pojedzie na Seszele i zostanie najpiękniejszą dupą świata. I głosić będzie prawdę o Chorwacji. Druga pojedzie na Karaiby. Tam dupą zwróci uwagę na chorwackie pola minowe. Trzecia ruszy do Ameryki i dupą przekaże Bushowi swoje zaniepokojenie z powodu gwałtownych zamieszek na Bliskim Wschodzie...”

Vedrana ustami swojej bohaterki zaklina się, że nie jest o te panie zazdrosna. Ale może jednak jest. Jakiś czas temu Marek Edelman, zapytany o swoją filozofię, powiedział, że całkowicie wystarcza mu przekonanie, że człowiek to jest coś wyjątkowo paskudnego. Byle tylko dać mu szansę. Marek Edelman ma podstawy, żeby tak sądzić. Bohaterka Vedrany Rudan myśli podobnie.

„Wojna jest czymś takim, w czym każdy normalny człowiek czuje się jak ryba w wodzie. Wszystkim nam robi się ciepło na sercu, kiedy zarzynamy cudze córki”.

Niestety, słabą stroną wojen jest to, że się kończą, i to właśnie wtedy kiedy jest najfajniej. „Kiedy podpaliliśmy szósty dom, wynieśliśmy dziewiątą lodówkę, zerżnęliśmy małą na progu, każą nam przestać i jeszcze nas opierdalają. Mówią, że to nienormalne, żeby była aż taka rzeź. A jaka jest normalna?"

Żeby czytelników nie zniechęcać, czuję się w obowiązku dodać, że choć bohaterka książki oficjalnie się seksem brzydzi, to jednak poświęca mu wiele miejsca i ze znawstwem opisuje.

Trochę dżumy

Po dłuższej przerwie spędziłem trochę czasu w Ameryce. Połaziłem po pogrążonym w żałobie po zwycięstwie George'a Busha Nowym Jorku. Posłuchałem piosenek białej gwiazdy amerykańskiego rapu, czyli Eminema. A Eminem na własną rękę zauważył, że świat stanął na głowie. No bo rzeczywiście, najlepszym raperem jest biały, najlepszym golfistą Murzyn. Francuzi oskarżają Amerykanów o arogancję, a Niemcy nie chcą iść na wojnę.

W telewizji obejrzałem parę świetnych show Jona Stewarta, który pokazując stosowne mapy, namawiał Amerykanów, żeby się ogólnie zorientowali, gdzie leży Iran, zanim zaczniemy go bombardować, oraz popatrzyli sobie na Teheran, póki jeszcze stoi.

Udałem się też do Waszyngtonu, żeby obejrzeć inaugurację drugiej tury prezydentury Busha. Jak wiadomo 90% mieszkańców stolicy głosowało na Johna Kerry'ego, więc pomyślałem, że może być ciekawie. Rzeczywiście, wielu właścicieli restauracji z porażającą bezinteresownością wywiesiło na drzwiach swoich lokali tabliczkę „Blue zone", co należy rozumieć: „Tylko dla demokratów". A na ulicach wielotysięczne tłumy w teksańskich kapeluszach świętujące zwycięstwo Busha, przerzucały się obelgami z tłumem zwolenników pokonanego senatora. Tymczasem przebieg uroczystości obserwował z dachów przez optyczne celowniki długi szereg strzelców wyborowych.

Po powrocie na Manhattan pomyślałem, że jak na razie, to wystarczy. Zerwałem powieszony przez moją radykalizującą się córkę w jednym z okien plakat „No! He is not my president". I u bezdomnego Murzyna kupiłem na Broadwayu za trzy dolary reprodukcję obrazu Parmagianino „Madonna z długą szyją".

Przeczytałem też pierwszy szkic teatralnego monologu o blaskach i nędzach życia sławnej kobiety w wieku XV, co to go Ewa Zadrzyńska pisze dla teatru. Krótko mówiąc, z ulgą się pogrążyłem w renesansie.

Tyle że niestety z renesansem też był kłopot. Bo może warto przypomnieć, że kiedy nareszcie świat po grozie średniowiecza zaczynał powolutku łapać oddech, to żeby się ludziom nie poprzewracało w głowie, po ziemi ciągle jeszcze snuła się narodzona w wiekach średnich dżuma. A dżuma mało że wybiła dziesiątki milionów ludzi, to przy okazji potrząsnęła stosunkami społecznymi, które i wcześniej były napięte, i to bardzo.

Ale skoro już zeszło na dżumę, to z jej przebiegiem wiąże się pewna ciekawostka, na którą zresztą zwróciło uwagę kilku historyków i pisarzy.

Otóż w związku z błyskawicznym rozprzestrzenianiem się zarazy arystokracja, jak to arystokracja, w panice pouciekała z miast, zapanował chaos, a władza leżała na ulicach razem z trupami i czekała, aż ją ktoś podniesie. Zresztą niedługo.

No bo wtedy właśnie narodziła się zupełnie nowa elita społeczna, czyli kopacze grobów. A jak się narodziła, to wzięła sprawy w swoje ręce. Oczywiście kopacze grobów byli już wcześniej widoczni, ale tylko o tyle, o ile.

Po pierwsze, nie było na ich pracę szczególnego zapotrzebowania. Po drugie, spędzali oni większość czasu w więzieniach, odsiadując kary za morderstwa oraz rabunki. Natomiast w warunkach dżumy zapotrzebowanie na kopaczy gwałtownie wzrosło, bo ktoś te groby kopać musiał, a że nikt się do tego nie palił, więc więzienia otworzono i kopacze przystąpili do pracy.

Do ich zadań należało, rzecz prosta, w pierwszej kolejności zbieranie piętrzących się na ulicach stosów trupów, ich palenie oraz zakopywanie. Natomiast w drugiej kolejności do ich obowiązków należało odwiedzanie mieszkań i sprawdzanie, czy się aby zaraza nie rozprzestrzenia. Otóż kopacze stosunkowo szybko doszli do wniosku, że ta druga kolejność to jest jednak pierwsza. Ogromną większością głosów uchwalili, że zajmowanie się chorymi albo nieżywymi leżącymi na ulicach to czynność monotonna i na dodatek niebezpieczna. I zaczęli zajmować się zdrowymi.

A ponieważ zawodowi lekarze albo uciekli, albo nie żyli, a jeżeli nawet jeszcze żyli to odmawiali składania wizyt domowych, więc siłą rzeczy trud badania mieszkańców oraz stawiania diagnoz musieli wziąć na siebie kopacze. A taka diagnoza była o tyle istotna, że od niej i tylko od niej zależało, czy badana osoba otrzyma świadectwo zdrowia i pozostanie w domu, czy wprost przeciwnie, jako stanowiąca epidemiologiczne zagrożenie zostanie przetransportowana do wydzielonej i zamkniętej części miasta, nazywanej wymieralnią, żeby tam sobie w towarzystwie zadżumionych powolutku wracała do zdrowia.

Otóż bardzo szybko okazało się, że większość badanych, zwłaszcza tych zupełnie zdrowych, jednak wolała zostać w domu. W związku z czym, oczekując na wizytę kopaczy grobów, przyszli pacjenci gromadzili dowody zdrowia pod rozmaitą postacią. A znów kopacze grobów nie byli żadnymi fanatykami, rozpatrywali każdy przypadek indywidualnie. I jeżeli ktoś zdiagnozowany na pierwszy rzut oka jako śmiertelnie chory potrafił przedstawić przekonywające dowody zdrowia, mieli odwagę przyznać się do błędu i zostawić go w domu. Niestety, mimo wielu wysiłków kopaczom nie udało się całkowicie wyeliminować kontaktów z chorymi oraz zmarłymi, w związku z czym większość z nich, owszem, mogła nacieszyć się zdobytym majątkiem i prestiżem społecznym, ale tylko przez parę dni. Za to nieliczni, którzy epidemię przeżyli, zaczęli zaraz potem kupować ogromne majątki, a także pałace. A kilku kopaczy wystąpiło nawet o przyznanie im arystokratycznych tytułów. I podobno je otrzymało.

Już w samolocie do Warszawy przeglądałem książkę Allana Avery, który zajmował się przebiegiem dżumy w Anglii w XIV wieku i jej późniejszymi konsekwencjami. Otóż – ciekawa rzecz – Avery twierdzi, że najgorzej na tej całej epidemii wychodzili Żydzi. Ponieważ w ich przypadku kopacze grobów okazywali małą elastyczność. Uznając ich, bez względu na ilość i jakość dowodów zdrowia, nie tylko za chorych, ale nawet za sprawców epidemii. Szczególną podejrzliwość kopaczy budził fakt, że Żydzi wymigiwali się od najnaturalniejszych czynności, takich jak na przykład picie wody z zatrutych studni, tylko upierali się przy czerpaniu jej ze źródeł.

Na Okęciu z ulgą wysiadłem z samolotu i zaciągnąłem się czystym renesansowym powietrzem.

Spis treści